Andrea & Harald Hesse

Glücksorte im Altmühltal

Mit Ingolstadt

Dieses

Glücksbuch

ist für

Liebe Glücksuchende,

wer das Altmühltal zwischen Gunzenhausen und Kelheim noch nicht kennt, wird es – wetten, dass …? – auf den ersten Blick lieben. Im Herzen Bayerns schlängelt sich die Altmühl durch einen der vielseitigsten Naturparks der bunten Republik Deutschland. Ein Schatzkästlein voller Preziosen. Traumschöne Landschaftsbilder, verwunschene Naturdenkmäler, kräuterreiche Wacholderheiden, mystische Quellen, prächtige Burgen, malerische Altstädte und zahlreiche Spuren der Römer reihen sich hier aneinander wie Perlen auf einer Schnur. Und diesem allerschönsten Geschmeide verleiht Ingolstadt, die jüngste Großstadt im Bayernland, mit ihren reizvollen Sehenswürdigkeiten weiteren Glanz. Ob das gotische Liebfrauenmünster, der idyllische Arzneipflanzengarten oder der quirlige Donaustrand mit karibischem Flair – Ingolstadt ist eine echte Augenweide. Um bei so vielen Verlockungen die Qual der Wahl zu erleichtern, haben wir in diesem Buch unsere 80 Glücksorte-Favoriten zusammengetragen, die uns berührten und beglückten. Warum in die Ferne schweifen, das Altmühltal und Ingolstadt liegen so nah!

Andrea & Harald Hesse

GLÜCK

Deine Glücksorte …

... noch mehr Glück für dich

"Glück"

Märchenhafte Begegnungen

1 Hans-Kuffer-Park in Berching

In Berching sind der Fantasie so gut wie keine Grenzen gesetzt, die von viel Grün- und Hügelland umgebene Stadt präsentiert sich dem geneigten Besucher stets von märchenhaft schöner Seite. Zwischen dem historischen Ludwig-Donau-Main-Kanal und dem vergleichsweise jungen Main-Donau-Kanal gelegen und vom Altmühl-Nebenfluss Sulz idyllisch durchquert, versprüht der mittelalterliche Altstadtkern einen geradezu unwiderstehlichen Charme. Von einer Stadtmauer mitsamt 13 Türmen – mal eckig, mal rund – vollständig umfriedet, durch die bis heute vier Stadttore Einlass ins Innere gewähren. Geziert von verwunschenen Gässchen, pittoresken Bürgerhäusern mit lebensfroh bunten Fassaden und alten voluminösen Speichern, Stätten einstiger Versorgung. Den zentralen Reichenauplatz nicht zu vergessen, um den sich Café, Eisdiele, Gemüseladen, Bäcker und Brauereigasthof scharen. Und mittendrin entspannt sich schließlich am renaturierten Flussbett der Sulz entlang eine überaus anziehende Oase der stillen Einkehr und kraftspendenden Erholung, die den Namen Hans-Kuffer-Park trägt. Im Oktober 2015 wurde der frei zugängliche, grüne Seelenschmeichler unter weiß-blauem Himmel bei herrlichstem Sonnenschein für die Einheimischen und urlaubenden Gäste feierlich eingeweiht. Eine wunderbare Attraktion mit ganz besonderem Flair. Gesäumt von kleinen Inseln, bogenförmigen Steintribünen, ausreichend Tischen und Bänken und massiven Trittsteinen und Brücken, um die Flussseite zu wechseln. Das alles verführt zu beschaulichem Schlendern, erquickendem Erleben und gemütlichem Verweilen. In dieser herrlichen Kulisse steht zudem eine bescheiden anmutende, halbrunde Wasserbühne für gelegentliche kulturelle Veranstaltungen zur Verfügung – wie Theateraufführungen, Sommerkinovorstellungen oder Musikkonzerte unterm abendlichen Sternenzelt. Wenn Berching nicht längst den Titel „Cittàslow" tragen würde, den das „Internationale Netzwerk lebenswerter Städte" vergibt, allein wegen des Hans-Kuffer-Parks wäre der nun fällig.

TIPP

Dem Komponisten Christoph Willibald Gluck, berühmtester Sohn Berchings, widmet sich ein modernes Museum.

- Hans-Kuffer-Park, Mühlgasse 4, 92334 Berching, www.berching.de/freizeit/hans_kuffer_park-21790
- ÖPNV: Buslinie 515 (Ab Neumarkt), Haltestelle Berching Volksschule

Seltene Turmschönheit

2

Burgstein zwischen Dollnstein und Breitenfurt

Einsam und stumm ragt er an der nördlichen Talseite zwischen Dollnstein und Breitenfurt himmelwärts. Beeindruckende 50 Meter schraubt sich der Burgstein mit seinen schroffen Kalkfelsen wie ein heller Turm in die Höhe. Schon von Weitem zieht dieses prachtvolle Naturgebilde, dessen Gipfel ein Kreuz schmückt, alle Blicke auf sich. Zu dessen Füßen verläuft der Altmühltal-Radweg und in geringer Entfernung, nur durch einen schmalen Streifen sattgrüner Wiese getrennt, die Altmühl. Weil seine Seltenheit und Eigenart so hervorstechend sind, hat ihn das Geologische Landesamt Bayern im Jahre 2002 in die Liste der 100 schönsten Geotope des Freistaats aufgenommen. Doch so einsam und stumm, wie der Burgsteinfelsen zunächst auf den Betrachter wirkt, steht er keineswegs in der Landschaft. Kanuwanderer, Biker und Flaneure leisten ihm zu gern Gesellschaft, vorwiegend in der Saison nehmen sie ihn reichlich und respektvoll in Augenschein. Zum andächtigen Verweilen oder genussvollen Picknicken laden dort in unmittelbarer Nachbarschaft zwei Sitzbänke mit Tisch nebst einer informativen Lehrtafel über seine Entstehung. Auch ist das hohe Massiv unter Sportkletterern dank verschiedener Schwierigkeitsgrade überaus beliebt, nicht nur sommers, sondern ganzjährig. Denn aufgrund der hoch hinausragenden Lage trocknet sein beregnetes und verschneites Felsenkleid blitzschnell ab, was für beste Kraxelbedingungen sorgt. Viel erzählen könnte der Kalkfelsen auch. Wie durch ein Fenster gewährt sein nacktes Gestein dem Besucher einen Blick weit zurück in die Vorgeschichte dieses Fleckchens Erde – um genau zu sein: 135 bis 154 Millionen Jahre. Der Dollnstein ist ein – überwiegend massiges, kaum geschichtetes – Überbleibsel des subtropischen Schelfmeeres, das die Gegend einst bedeckte. Sehr viel später fräste die Ur-Donau das Landschaftsbild heraus, noch später steuerte auch die Altmühl ein wenig dazu bei. Das Ergebnis kann man heute still und ehrfürchtig bestaunen. Welch ein Glück!

TIPP

Das beheizte Freibad Breitenfurt mit Kiosk und Liegewiese. Daneben fließt die (unbeheizte) Altmühl.

- Burgsteinfelsen, Burgsteinweg, 91795 Dollnstein
www.dollnstein.de/sehenswertes
- ÖPNV: Linie 310 (ab Eichstätt, an Sonn- und Feiertagen kein Betrieb), Haltestelle Dollnstein Bahnhof

Naturnahe Badefreuden

3 Badesee St. Agatha in Riedenburg-Haidhof

„Pack die Badehose ein, nimm dein kleines Schwesterlein, und dann nischt wie raus nach Wannsee …“ Vielen Zeitgenossen klingen diese heiteren Schlagerzeilen bis heute in den Ohren, mit denen Conny Froboess im Mai 1951 im zarten Alter von acht Jahren die Welt beglückte. Allerdings muss man sich nicht erst nach Steglitz-Zehlendorf begeben, um erfrischende Badefreuden zu genießen. Auch im Ortsteil Haidhof der Dreiburgenstadt Riedenburg kommen Badenixen und Wasserfrösche auf ihre Kosten: im naturnahen Badesee St. Agatha. Das idyllische Gewässer – Ende der 1980er-Jahre beim Bau des Main-Donau-Kanals entstanden und deshalb anfänglich „Lago di Canale“ genannt – hat sich außerordentlich harmonisch in eine Schlaufe der im Bett des Kanals fließenden Altmühl eingeschmiegt. Die Freizeitanlage unweit der von Wiesen und Feldern umgebenen Kapelle St. Agatha hat ungefähr die Größe von sieben Fußballfeldern, gut sechs davon entfallen auf die Wasserfläche. Der bis zu 13 Meter tiefe See, dessen Wasserqualität sommers wiederholt getestet wird, lädt mit einer herrlichen, von Schatten spendenden Bäumen bestandenen Liegewiese zum entspannten Verweilen ein. Grillen und Zelten sind am See zwar nicht erlaubt, dafür ist der Eintritt frei und fürs leibliche Wohl sorgt ein Kiosk mit kleinem Biergarten. Über den leicht zum Ufer hin abfallenden Rasen sowie über einen hölzernen Badesteg können sich Schwimmfreunde sanft ins erfrischende Nass gleiten lassen. Und dann die wohltuende Leichtigkeit, das Wie-ein-Fisch-im-Wasser-Feeling, in vollen Zügen genießen. Mehr noch: Mit Blick auf die jenseits der Altmühl von einem dichten Mischwald bestandenen Hänge der sogenannten Hautalleite – aus dem nackte Felsdornen des Bayerischen Jura imposant hervorstechen – wandelt sich der Badespaß zu einem einzigartigen Badeerlebnis. Und Conny Froboess trällert fröhlich: „Hei, wir tummeln uns im Wasser wie die Fischlein, das ist fein …!“

TIPP

Sehenswert ist die von einer Mauer aus dem 17. Jahrhundert umfriedete kleine romanische Kirche St. Agatha.

- Badesee St. Agatha in Riedenburg, St. Agatha 2, 93339 Riedenburg
- ÖPNV: Buslinie 6022 (ab Kelheim), Haltestelle St. Agatha

Friedvolle Heide

4

Gungoldinger Wacholderheide in Walting

Am nördlichen Hang des Altmühltals bei Gungolding trifft man auf ein Idyll, das sich auf einer Fläche von annähernd 70 Hektar ausbreitet: die Gungoldinger Wacholderheide. Eigenfüßig und mit offenen Sinnen sollte man sie durchschreiten, um ihre durchgängige Schönheit vollends zu erfassen. Ein Kreuz-und-quer-Irrlichtern im Gelände ist tunlichst zu vermeiden, sprich: möglichst auf den gut sichtbaren Pfaden bleiben, um das wertvolle Stück Natur zu schonen. Davon haben letztlich alle Lebewesen etwas – Menschen, Pflanzen und Tiere. Die Landschaft, die sich dem Wanderer in verschiedenen Grüntönen darbietet, ist von unzähligen Exemplaren des Gemeinen Wacholders geprägt. Zumeist sind sie buschig gewachsen, einige ragen wie kleine Säulen empor, wahllos über die hügelige Steppenheide verteilt. Dazwischen überraschen immer wieder quaderförmige Felsblöcke das Auge. Auch wilde Rosen, Schlehen mit bläulichen Früchten, üppige Weißdornsträucher und solitäre Bäume sind zu sehen. Man kann die Gungoldinger Wacholderheide – mit Ausnahme schneereicher Winter – eigentlich immer staunend erwandern, doch am intensivsten ist das romantisch anmutende Heideglück den Sommer über zu genießen: Wenn Trockenheit liebende und lichtlüsterne Pflanzen wie Enzian, Felsennelke und Heideröschen in voller Pracht erblühen, hat die blumenduftgeschwängerte Luft eine regelrecht betörende Wirkung. Den vielen bunten Schmetterlingen muss es wohl ganz ähnlich ergehen. Fasziniert folgt man ihren wild flatternden und doch unhörbar leisen Tänzen, bei denen sich ihre Flügel so manches Mal beinahe zu berühren scheinen. Entstanden ist diese friedvolle Kulisse vor langer Zeit, als man den geschlossenen Waldbestand in einem Kraftakt rodete und das nun baumfreie Land der Viehbeweidung überließ. So bildeten sich die heutigen Trockenwiesen mit ihrem malerischen Erscheinungsbild heraus. Um sie dauerhaft zu bewahren, halten Schafherden die Vegetation kurz.

TIPP

Gungoldings Kirche mit dem achteckigen Turm ist mittelalterlichen Ursprungs und einen Besuch wert.

- Gungoldinger Wacholderheide, St.-Marienstraße 16, 85137 Walting
- ÖPNV: Buslinie 9232 (ab Stadtbahnhof Eichstätt), Haltestelle Gungolding Brücke

Unvergessliche Nacht

5 Zu Bett auf der Oberen Veste zu Treuchtlingen

Hoch über der Stadt eine stille Nacht verbringen, sich zu Füßen eines Bergfrieds im futuristischen Design eines Schlaf-Cubes wohlig-warm einkuscheln und unterm romantischen Himmelszelt die funkelnden Sterne zählen, um sanft ins Traumland hinüberzugleiten. Das klingt doch nach einem unvergesslichen Erlebnis, das einzigartige Erinnerungen schafft. Nicht mehr, aber auch nicht weniger ist in Treuchtlingen zu haben. Diese vielversprechende Form der Übernachtung im Freien ist zwar nicht ganz günstig, das darf man wohl sagen, doch dafür erhält man für jeden investierten Cent einen doppelten, ach was, einen dreifachen, vor allem erholsamen Gegenwert. Die nächtliche Ruheoase trägt den passenden Namen „Sleeperoo". Sie thront inmitten der Burgruine Obere Veste zu Füßen ihres herausragenden Turms. Auf einem entzückenden, von abgetragenen Mauern gesäumten Platz an der Sonne, der sich schlicht Burgzimmer nennt. Einladend eingerichtet steht der Schlafwürfel etwas erhöht auf einem Podest, sodass man auch noch vom außergewöhnlichen Schlafgemach aus eine romantische Aussicht auf die im Altmühltal liegende Thermenstadt mit ihren zwei Heilquellen genießt. Je näher der Abend rückt, desto verschwiegener wirkt das Gelände, desto malerischer präsentiert sich der Ort – dazu erschallt mitunter ein von heimischen Vögeln angestimmtes Kammerkonzert. Bereits während des kurzen Aufstiegs mit seinen sieben Sachen unterm Arm streift man von seinen Schultern ab, was sie an kleinen oder großen Alltäglichkeiten tragen. Nun gibt es nur noch die Burg, den Cube und das Ich oder Wir. Maximal drei Personen haben darin Platz. Eine Chillbox versorgt mit veganen Bio-Snacks, Getränken und weiteren Kleinigkeiten. Extra gebucht, wird einem das Frühstück ans Burgbett gebracht. Selbstredend ist auch ein gewisses Örtchen da. Mehr braucht es eigentlich nicht zum Glück.

TIPP
Im Abendlicht die Burgruine erkunden und sich auf den zwei Thronen wie König oder Königin fühlen.

● Obere Veste zu Treuchtlingen, Am Schlossberg, 91757 Treuchtlingen
Informationen zur Buchung: Kur- und Touristinformation Treuchtlingen, Heinrich-Aurnhammer-Straße 3, 91757 Treuchtlingen, Tel. (0 91 42) 96 00 60
www.tourismus-treuchtlingen.de/sleeperoo
● ÖPNV: Buslinie 885, Haltestelle Treuchtlingen Rathaus

Sensation auf Felssporn

6 Burg Prunn in Riedenburg

Ob der Stadt Riedenburg zu Recht oder Unrecht das Attribut „Perle des Altmühltals" zugeschrieben wird, muss jeder Besucher nach eigenen Erkundungen selbst entscheiden. Fakt ist allerdings, dass sich auf dem Gebiet der flächenmäßig größten Gemeinde im Naturpark Altmühltal gleich mehrere mittelalterliche Burgen und prachtvolle Schlösser wie Perlen auf einer Kette aneinanderreihen. Da sind zunächst die Burgruinen Rabenstein und Tachenstein, sodann das Wahrzeichen von Riedenburg, die Rosenburg, auf der sich heute ein Falkenhof samt Falknereimuseum befindet. Zu dem Trio gesellen sich das malerisch gelegene Schloss Eggersberg und die imposante, um 1200 entstandene Burg Prunn – eine der besterhaltenen Ritterburgen im Bayernland und ein Glücksort par excellence. Allein ihre Lage ist phänomenal: Hoch über der Altmühl thront sie auf einem Jurafelssporn, dessen felsige Wände senkrecht ins Tal abfallen und die Burgbewohner gleich von mehreren Seiten schützten. Sie ist eine Hochburg, wie sie im Buche steht. Die typischen Bauelemente sind bis heute erhalten und zu bestaunen: Der Torbau mit der einstigen Zugbrücke, die sich über den breiten Burggraben legte, der mächtige Wohn- und Wehrturm, Bergfried genannt, die Kapelle und der Palas, in dem sich die Herrscherfamilie aufhielt und Gäste des Burgherrn empfing. Auf Schritt und Tritt fühlt man sich hier in die Zeit von Rittern, Burgfräulein und Minnesängern versetzt (Führungen: Erwachsene 6 €, Öffnungszeiten beachten!). Der Besucher spürt den Atem der Geschichte – der geht unter die Haut und nicht mehr aus dem Kopf. Für echtes Gänsehautfeeling sorgt eine bedeutsame Entdeckung, die man 1575 auf Burg Prunn machte: eine um 1330 entstandene Handschrift des Nibelungenliedes. Jenes Sagenepos, das von Siegfrieds Drachenblutbad und Kriemhilds Rache handelt. Dieser „Prunner Codex" findet sich im Original in der Bayerischen Staatsbibliothek, auf Prunn ist eine digitale Version zu sehen. Sensationell!

TIPP

Die Dauerausstellung „Burg Prunn und das Nibelungenlied" gibt Einblick ins mittelalterliche Burgleben.

- Burg Prunn, Schlossprunn 1, 93339 Riedenburg, Tel. (0 94 42) 33 23, www.burg-prunn.de
- ÖPNV: Buslinie VLK-1 (ab Saal/Donau, Bahnhof), Haltestelle Nußhausen oder Prunn (noch ca. 20 Minuten zur Burg)

Stück für Stück zum Glück

7 Glückslehrpfad im Schlossgarten Dennenlohe

„Glücklich sein muss man üben", wird Roland Betz, der Glücksbotschafter aus Forchheim, nicht müde zu sagen. Das behauptet er natürlich nicht einfach so, vielmehr basiert die Aussage auf seinem ganzheitlichen Konzept der Persönlichkeits- und Glücksförderung. Der Clou: Der Glückscoach ließ seinen wohlklingenden Worten inspirierende Taten folgen. Konkret im Botanischen Garten von Schloss Dennenlohe, zwölf Kilometer südwestlich von Gunzenhausen im Fränkischen Seenland, haarscharf an der Grenze zum Altmühltal. Dort hat er nämlich einen in Europa einmaligen Glückslehrpfad geschaffen, mehr noch: Einen idealen Glücksort, den man, gäbe es ihn nicht schon, unbedingt erfinden müsste. Das Schloss Dennenlohe, vor bald 300 Jahren mit allen Nebengebäuden gebaut, ist eines der schönsten Barockensembles im Bayernland, vom größten Rhododendronpark Süddeutschlands und einem 35 Fußballfelder großen zauberhaften Landschaftsgarten umgeben. Harmonisch integriert findet man darin jenen Glückslehrpfad mit vielen feinen Stationen – außergewöhnlich inszeniert, schlichtweg wunderbar. Dort entdeckt man etwa eine kleine Bank zu Füßen eines sanft abfallenden Hangs, umgeben von Büschen, Sträuchern, meterlangem Schilf, Weiden und anderen ausgewählten Baumarten, die sich wie eine naturbelassene Stola mit grünem Farbverlauf locker und harmonisch darum drapieren. Ein kleines Gewässer, das sich an das flache, leicht gebogene Ufer schmiegt, ist von zahllosen schild-, gelegentlich auch herzförmigen Blättern bedeckt, die mitunter Lotusblüten tragen. Wer sich auf diese malerische Kulisse mit offenen Sinnen einlässt, fühlt, wie sehr schon ein Stückchen Natur für das eigene Lebensglück förderlich ist. Oder, um es mit dem Naturphilosophen John Muir treffend zu sagen: „Der Friede in der Natur wird in dich fließen wie der Sonnenschein, der die Bäume nährt". Der Eintritt in den Botanischen Garten hat zwar seinen Preis, doch der ist jeden Cent wert, weil man das hautnah Erlebte nie mehr vergisst.

TIPP

Extra Glückspfad-Führungen (1 Std.) werden für 5 Euro zuzüglich zum Parkeintritt angeboten.

- Botanischer Garten Schloss Dennenlohe, Dennenlohe 1, 91743 Unterschwaningen, Tel. (0 98 36) 96888, www.dennenlohe.de
- ÖPNV: Ist mit Bus und Bahn nur schwer zu erreichen, am besten wählt man das Rad oder den Pkw.

Kalkiges Hochbett

8

Steinerne Rinne bei Wolfsbronn

Im dicht und licht von Laubwald bewachsenen Hahnenkamm, einem Jura-Kalkstein-Höhenzug, der sich rund 200 Meter hoch und 20 Kilometer lang übers Altmühltal erhebt, stößt man auf ein ebenso seltenes wie beeindruckendes Phänomen. Eine Laune der Natur bringt dort tagtäglich eine verzaubernde Inszenierung auf die irdene Bühne, vor der man nur staunend und andächtig den Hut ziehen kann. Wie ein Lindwurm schlängelt sich eine Steinerne Rinne mucksmäuschenstill den Hang hinab – etwa 130 Meter lang, bis zu 160 Zentimeter hoch, die Seiten stark von saftigem Moos ummantelt. Auf ihrem schmalen und äußerst empfindlichen Rücken, dem sogenannten Damm, läuft beständig ein Rinnsal entlang, das erst bei maximal möglicher Nähe leise plätschernde Töne von sich gibt. Anders als Bäche, die mit ihrer fließenden Wasserkraft den lösbaren Boden auswaschen und sich auf diese Weise ein tiefergelegtes Bett anlegen, geht dieses Rinnsal in umgekehrter Richtung vor. Durch die feinen Ablagerungen aus dem kalkigen Quellwasser entsteht ein überaus fragiles „Hochbett", das kontinuierlich an Höhe gewinnt – Jahr für Jahr in hauchdünnen Schichten. Von solchen sogenannten wachsenden Steinen gibt es lediglich ein Dutzend in Bayern, doch die Steinerne Rinne bei Wolfsbronn ist nach der Heidenheimer Käsrinne die längste und mit Abstand bekannteste im ganzen Land. Man findet das einmalige Naturdenkmal etwas abseits einer lang gestreckten Kurve, in der sich die von Meinheim nach Wolfsbronn führende Kreisstraße WUG 34 um den Kamm des Lunkenbergs spurt. Ein schmuckloses Schild weist den direkten Weg, Informationstafeln erläutern das außergewöhnliche Geschehen, das als Geotop registriert und von einem Naturschutzgebiet mit artenreichem und seltenem Pflanzenbewuchs umgeben ist. Das wundersame lang gezogene Gebilde aus Kalkgestein, neben dem ein Pfad mit Handlauf verläuft, heißt den Besucher ganzjährig willkommen – im April sogar mit von Knoblauchduft durchzogener Luft, wofür Myriaden von Bärlauch sorgen.

● Steinerne Rinne, 91802 Meinheim
● ÖPNV: Buslinie 801.1/801.2, Haltestelle Wolfsbronn. Ab Bushaltestelle ca. 1 Kilometer.

Luftige Donauschau

9 Wieserkreuz unweit von Kelheim

Wer sich an einem einmaligen Blick auf das Donautal erfreuen will, der muss zum Wieserkreuz ins Naturschutzgebiet Weltenburger Enge pilgern, auf halber Strecke zwischen Kelheim und Kloster Weltenburg. Vom Waldfriedhof aus ist es nur wenige Hundert Meter entfernt. Doch trotz der an sich überschaubaren Distanz, die durch schattigen Mischwald führt, ist man gegen Ende des Weges doch recht sportlich unterwegs. Über Stock und Stein geht's einen schmalen Pfad bergauf, sodass selbst ein geübter Wanderer durchaus auf Temperatur kommt. Aber die Mühe ist – garantiert! – aller Freuden wert, die einen schließlich auf dem Gipfel erwarten. Kaum tritt man aus dem Waldgürtel ins Freie, liegt ein schmaler Grat aus schroffem Gestein vor einem, abgesichert von einem grünfarbenen Geländer. An dessen Endpunkt thront das hölzerne Kruzifix hoch oben über steil abfallenden Felswänden. Vorsichtig geht es Schritt für Schritt weiter, die wenigen schwindelerregenden Meter auf dem Steg entlang, sich rechts und links an der Brüstung haltend, bis schließlich die luftige Donauschau mit einem natürlichen Trio aus Fluss, Wald und Fels beginnt. Die Aussicht ist malerisch, einfach überwältigend. Zunächst neigt sich der Blick zum Strom hinab, durch dessen spiegelglatte Wasserfläche die MS „Ludwig der Kelheimer" von der weißen Flotte, klein wie ein Modellschiff, geräuschlos und gemächlich ihre Bahn zieht. Links im Hintergrund erkennt man sodann die sich eindrucksvoll verengende Schlucht und eine hohe helle Kalkwand, die wie ein leuchtender Vorbote den bevorstehenden Donaudurchbruch signalisiert. Und unten am gegenüberliegenden Ufer schmiegt sich die alte Einsiedelei Klösterl geradezu ans aufschießende, von Höhlen durchzogene Juragestein, die Hedwig und Hermann Riemann seit einigen Jahren als Biergarten und Wirtshaus betreiben. Hinter ihren Mauern verbirgt sich, was nicht jeder weiß, Europas einzige Höhlenkirche mit einem echten Felsendach. Was braucht Mensch mehr, um glücklich zu sein.

- Wieserkreuz, 93309 Kelheim (unweit vom Waldfriedhof Kelheim, Weltenburger Straße 30)
- ÖPNV: Buslinie 6018, Haltestelle Waldfriedhof Kelheim

Verträumte Kammer

10

Schleuse 25 nahe Berching-Mühlhausen

Dieser Glücksort beamt einen quer durch die Zeitgeschichte. Erst in längst vergangene Tage, dann zurück in die Zukunft von heute. Was man dort auf kleinem Raum schrittweise erkunden kann, ist eine Rarität: die einzige noch in Betrieb befindliche Schleuse auf dem Ludwig-Donau-Main-Kanal. König Ludwig I. von Bayern (1786–1868) ließ die 178 Kilometer lange Wasserstraße bauen, um den Main in Bamberg mit der Donau in Kelheim zu verbinden. Exakt 100 Schleusen kamen damals zum Einsatz, weil ein Höhenunterschied von 264 Metern zu überwinden war. Doch der Warenverkehr auf dem Kanal – 1845 galten die Arbeiten nach zehnjähriger Bauzeit offiziell als beendet – kam nie richtig aus dem Quark. Der schnelle Aufstieg der Eisenbahn war eine zu starke Konkurrenz, sein wirtschaftlicher Niedergang die Quittung. Gegen Ende des Zweiten Weltkriegs gaben die Fliegerbomben dem Kanal den Rest, 1950 wurde sein Aus als Wasserweg besiegelt. Aktuell sind nur noch Teilstücke erhalten, liebevoll „Alter Kanal" genannt und die Schleuse 25 versetzt noch einmal in seine besten Tage. Ein wenig verträumt wirkt sie mit ihrer 34,15 Meter langen und 4,67 Meter breiten Kammer und den beiden schweren Eichentoren. Eine Art Paternoster für Kähne, mit dem sie bei Bedarf rund drei Meter hinabgelassen oder hinaufgehievt wurden. Mit etwas Fantasie läuft vor dem geistigen Auge ein cooler Schwarz-Weiß-Film ab: Langsam, von einem Pferd gezogen, gleitet ein voll beladener Kahn in die Schleuse hinein. Nun schlägt die Stunde des Wärters. Mit einer Kurbel öffnet er den Schieber im Schleusentor von Hand, das Wasser dringt in die Kammer vor, das Boot beginnt sacht zu steigen. Zehn bis 15 Minuten und 500 Kubikmeter Wasser später ist es geschafft, der Schieber wird geschlossen und der Kahn übers zweite Tor aus der Schleuse gezogen. Dann fällt der Vorhang und der Zeitreisende schreitet mit nostalgischen Gefühlen im Bauch am einstigen Schleusenwärterhaus entlang von dannen.

TIPP

Von der Bahnhofstraße rechts zwischen Sportplatz und Skatepark in den Waldweg. Nach 1 km ist man da.

- Schleuse 25, nahe Mühlhausen am Ludwigskanal, 92334 Berching
- ÖPNV: Buslinie 515 und 517, Haltestelle Mühlhausen Rathaus

Himmlische Schar

11 Schutzengelkirche in Eichstätt

„Da habe ich aber einen Schutzengel gehabt“, „Möge dein Schutzengel dich immer begleiten“ oder „Einen Schutzengel zu haben, ist das größte Glück“ – viele Redewendungen und fromme Wünsche handeln von diesen schützenden Wegbegleitern, sind von klein auf im Alltag präsent und fast jedem bekannt. Das ist nicht verwunderlich, viele Menschen tröstet der Gedanke, dass Gott, Jahwe, Allah – welche Allmacht auch immer – ihnen ganz persönlich nahe ist und sie schützt. Bei dieser Vorstellung spielen Schutzengel, die es in jeder Religion, der Esoterik und Anthroposophie gibt, eine große Rolle. Wer hingegen bislang noch keinen persönlichen Beschützer hat, ist in der Schutzengelkirche in Eichstätt goldrichtig. Ein idealer Ort, um einen solchen Begleiter unter der himmlischen Schar zu finden. Dieser Kirchenbau inmitten der Stadt zählt nicht nur zu den bedeutendsten Sakralbauten der bayerischen Kulturlandschaft, es wimmelt dort auch geradezu von Engeln. Wie ein Leitmotiv ziehen sie sich durch das imposante sakrale Gebäude, dessen Innenausstattung wie eine jubelnde Sinfonie anmutet. Das klingt nicht nur großartig, sondern ist es auch. Sobald man die von 1617 bis 1620 im Auftrag des Bischofs Johann Christoph von Westerstetten als Kollegienkirche der Jesuiten erbaute Wandpfeilerkirche samt ihrem Tonnengewölbe in Augenschein nimmt, ist man buchstäblich geflasht. Wirklich überall, aus allen Ecken und an allen Enden blicken einen dort himmlisch-schöne Engel an – erwärmend, beglückend, verzückend, berührend, tröstend, herzlich, zärtlich und beschützend. Nicht weniger als sage und schreibe 567 prachtvolle Engelsdarstellungen findet man dort im weiten Innenraum – ausgeführt als Holzplastik, in profiliertem Stuck, als Öl- und Freskomalerei. Um sie alle – und darunter vielleicht sogar seinen persönlichen Schutzengel – zu entdecken, nimmt man am besten auf einer der Kirchenbänke Platz, um ihnen in aller Stille mit offenen Sinnen zu begegnen.

TIPP
Ein ganz besonderes Erlebnis ist es, die Schutzengelkirche während eines Orgelkonzertes zu erleben.

- Schutzengelkirche, Leonrodplatz 1, 85072 Eichstätt
  www.schutzengelkirche-eichstaett.de
- ÖPNV: Schnellbuslinie X80 (ab Ingolstadt, nur werktags), Haltestelle Eichstätt Universität

Saftiges Kulturgut

12

Die Luisengärten in Riedenburg

Noch weist kein Schild dorthin, weshalb man die etwas abgelegenen Luisengärten in Riedenburg leicht verfehlen kann. Oberhalb der Dreiburgenstadt – zwei der Burgen sind heute allerdings Ruinen – erreicht man die Bio-Obstbäuerin, indem man der Burgenstraße bergan folgt, um kurz hinter dem Deko-Paradies rechts in den Harlander Steig Richtung Tann abzubiegen. Nach etwa 200 Metern breitet sich zur Rechten ein Obstgarten aus, durch den ein Wiesenweg zu drei Gebäuden führt, eines davon ist der Hofladen von Luise Naderer und Kerstin Hutterer. Dazwischen trifft man auf freilaufende Hühner und den Besucher neugierig beschnuppernde Kamerunschafe, die alles zwischen den Apfelbäumen abgrasen, was ein Verbuschen verhindert. Durch biologische und naturnahe Bewirtschaftung bewahren sie seit 2007 zehn Hektar Streuobstgärten in einem 25-Kilometer-Radius um Riedenburg. Mit viel Liebe und Leidenschaft hegen und pflegen sie über 20 historische Apfelsorten und gewinnen daraus sortenreine Bio-Apfeldirektsäfte, die das Riedenburger Brauhaus, ein traditionsreiches Bio-Unternehmen vor Ort, in Flaschen füllt. Obwohl ihre aromatischen Schützlinge überaus wohlklingende Namen wie Rheinischer Bohnapfel, Gravensteiner, Jakob Fischer oder Rote Sternrenette tragen, sind sie heutzutage kaum mehr bekannt. Das wieder zu ändern, ist ihre Mission. Wofür Luise Naderer überzeugende Gründe parat hat: „Die Sorten sind sehr robust, aromatisch und besonders verträglich und gesund. Über viele Jahre haben sie sich auf heimischem Boden bewährt und den klimatischen Bedingungen angepasst. Alte Apfelsorten sind ein Kulturgut und deshalb schützenswert." Während sie geradezu liebevoll von ihren Kernobstgewächsen und deren Vorzügen spricht, beginnen ihre Augen besonders lebendig zu strahlen, was ansteckend wirkt und direkt zur Saftverkostung einlädt. Dabei erfährt der Gaumen eine Geschmacksintensität, die den Hofgast in Sekunden zum Kunden macht. Das Apfelglück gibt es in Flaschen und 3-Liter-Boxen – und Obstbrände auch.

TIPP

Luise Naderer bietet ihre sortenreinen Produkte samstags auf Ingolstadts Wochenmarkt am Theaterplatz an.

- Luisengärten, Harlander Steig 5, 93339 Riedenburg, Tel. (01 71) 57 81 710
- ÖPNV: Buslinie 6022 (ab Kelheim), Haltestelle Riedenburg Großparkplatz/Zentrum

Paddelglück

13

Mit dem Kanu unterwegs auf der Altmühl

Dass das Glück der Erde nicht nur auf dem Rücken der Pferde liegt, sondern auch im Kajak oder Kanadier anzutreffen ist, davon kann man sich im Naturpark Altmühltal eigenhändig und augenscheinlich überzeugen. Sagenhafte 153 Flusskilometer zwischen Gunzenhausen und Kelheim warten darauf, vom Wasser aus erkundet zu werden. Je nach Lust und Laune im Sitzen – die Beine Richtung Bug und mit Doppelpaddel im Kajak – oder auf Knien und mit Stechpaddel im Kanadier. Ganz gleich, für welchen Bootstyp man sich entscheidet, beide verheißen aktive Glücksmomente. Vor allem bis Töging bei Dietfurt geht es auf der Altmühl, dem angeblich langsamsten Fluss Bayerns, sehr gemütlich und genüsslich zu. Danach mündet sie in den Main-Donau-Kanal, um schließlich bei Kelheim nach ihren letzten 32 Kilometern in der Donau aufzugehen. Weil der Kanal eine der großen europäischen Wasserstraßen ist, bekommt man es dort mit dem Fracht- und Passagierschiffsverkehr zu tun, weshalb Erfahrung, Können und Sicherheit im Umgang mit Booten unbedingt empfehlenswert sind. Ob nur für einige Nachmittagsstunden, für einen oder gleich mehrere Tage – im Kanu ist man dem erfrischenden Nass fast so nah wie ein Fisch im Wasser. Man taucht ein in eine ebenso bezaubernde wie abwechslungsreiche Landschaft. Vorbei an hellen, steil aufragenden Felsformationen, dichten, grün leuchtenden Mischwäldern, mittelalterlichen Städtchen, imposanten Burgen und weitläufigen Wacholderheiden. Und weil es entlang der Altmühl sehr viele Ein- und Ausstiegsstellen gibt, die auch für ungeübte Binnenschifffahrtskapitäne und Leichtmatrosen einfach handzuhaben sind, geht man kurzerhand dort vor Anker, wo es einem spontan gefällt. Um die malerische Umgebung lustwandelnd zu erkunden, ein paar Runden im naturnahen Badesee zu drehen oder um örtliche Schmankerl in einem urigen Biergarten zu genießen. Dabei werden Körper und Seele immer wieder mit frischen Kräften nachhaltig gestärkt.

TIPP

Nach der Bootstour im Zelt an der Altmühl übernachten: www.naturpark-altmuehltal.de/bootsrastplaetze

● Kanutour auf der Altmühl, zwischen Gunzenhausen und Kelheim. Liste der Bootsverleiher unter www.naturpark-altmuehltal.de/bootsvermietung

● ÖPNV: Je nachdem, wo man startet, für die Anfahrt findet sich ein Regionalbus: www.bayern-fahrplan.de/de/auskunft

Glücksfall der Natur

14 Die Limesbuche nahe Denkendorf-Gebelsee

Sie ist so dick, dass ein Mensch allein sie unmöglich umarmen kann. Sie schweigt stur und stoisch, dabei könnte sie garantiert mehr als 1001-Nacht-Geschichten erzählen. Und für ihr Alter steht sie immer noch in gutem Saft, obwohl sich ihre opulente Kronenlast nach Hunderten von Jahren wohl langsam als Bürde erweist. Die Rede ist von der sogenannten Limesbuche. Südlich von Gebelsee hat sie ihren angestammten Platz am Rande des Biotops Tala: ein von Mischwald umgebenes und von Getreidefeldern durchwebtes Wiesental, in dem sich das renaturierte Bächlein Brünnerl leise plätschernd in seiner Rinne fortschlängelt, die entlang der Teufelsmauer verläuft. So nennen Einheimische die spärlichen Reste des Limes – jenen historischen Grenzsicherungswall, der das Tala durchschnitt und in dessen Schutz die einst hier stationierten Römer schon ihre Pferde tränkten – wie es für Weidetiere noch lange danach bis in die 1960er-Jahre üblich war. Das Alter der mächtigen Buchenveteranin wird auf 350 bis 500 Jahre geschätzt, ihr Laubdach misst nicht weniger als 34 Meter, was einem Umfang von stolzen 106 Metern entspricht. Und ihr hölzerner Fuß, der aussieht wie ein Gebinde aus den wulstigen Fingern mehrerer Riesen, zeigt einen Umlauf von knapp sieben Metern auf dem Maßband an. Seitlich vom Stamm liegt seit wenigen Jahren ein abgebrochener Starkast auf dem Boden, möglicherweise doch ein erstes Zeichen einsetzender Altersschwäche. Denn als typische Vertreterin ihrer Art hat die Rotbuche ihre vergleichbaren Limits längst überschritten, was sie wiederum so außerordentlich und besonders macht. Anders gesagt: Diese Limesbuche ist ein echter Ausnahmefall der Natur. Man darf sich richtig glücklich schätzen, sie im schönen Tala in ihrer ganzen Anmut ansehen zu können, sie respektvoll zu berühren, mit geschlossenen Augen ihren Duft zu riechen und ihre urwüchsige Kraft zu fühlen. Auf einer Bank zu ihren Füßen ihre Nähe für einen flüchtigen Moment ihrer Lebensspanne zu teilen – welch ein Geschenk!

TIPP

Oberhalb der Limesbuche informiert eine Schautafel ausführlicher über das Naturdenkmal und den Ort.

- Limesbuche, Staffelweg, 85095 Denkendorf-Gebelsee
- ÖPNV: Buslinie 9226 (ab Ingolstadt), Haltestelle Gebelsee, Denkendorf

Bekömmliches Glück

15 Ziegenhof mit Käskammerl in Monheim

Selbstverständlich dürfen diese Ziegen hinaus auf die kräuterreichen Wiesen. Dort tollen, laufen und springen sie zwischen Naturhecken, Obstbäumen, Weiden und Eichen nebst großem Teich herum. Sind neugierig, den Menschen zugetan, vor allem friedlich im Umgang miteinander – und stets haben sie großen Appetit. Wenn saftiges Blattgrün kopfüber in erreichbarer Nähe hängt, stellen sie sich kurzerhand auf die Hinterbeine, zupfen ab, was ihr Maul erreicht und lassen es sich genüsslich und wiederkäuend schmecken. Die grauen bis braunen mit hellen Flecken gescheckten Tiere scheinen ihr Leben auf dem idyllisch an zwei Weihern gelegenen Ziegenhof Monheim zu mögen – auf weitläufigem Weideland und im großräumigen, mit goldgelbem Stroh ausgelegten Stall. Allein wenn man den gehörnten Paarhufern bei ihrem unbeschwerten Treiben zuschaut, fühlt man sich selbst schon nach wenigen Minuten deutlich entspannter und ja, auch entschleunigt. Überhaupt wirkt die beschauliche Szene, als seien die rund 50 Ziegen und Zicklein für ihre Verhältnisse völlig zufrieden – und davon bekommt man als staunender Betrachter sogar eine spürbare Portion ab. Aber die Ziegen, die nur das Hier und Jetzt kennen und sich am täglich frischen Bio-Futter laben, sind nicht nur hungrige Vierbeiner, sondern auch fleißige Produzenten. Auf dem Bioland-zertifizierten Ziegenhof von Herbert Summer und Hedi Alessandri-Summer werden die Nutztiere täglich gemolken. Nacheinander geben ihre Toggenburger Ziegen in der Melkstation ihr Bestes für die hofeigene Käseherstellung. Das kulinarische Ergebnis sind Weich-, Schnitt- und Frischkäse mit feinen Texturen und bekömmlichen Aromen, darunter das Ziegenknoferl mit granuliertem Knoblauch und Kräutern sowie das von Schabzigerklee ummantelte Schabziegerle. Im Käskammerl direkt vor Ort kann man alle Sorten in Selbstbedienung und samstags zwischen 10 und 13 Uhr im kleinen Hofladen erwerben. Wer den hier produzierten Käse einmal probiert hat, weiß Bescheid: Glück kann man schmecken.

TIPP

Das Käskammerl mit Selbstbedienung auf dem Ziegenhof Monheim hat täglich von 8 bis 20 Uhr geöffnet.

- Ziegenhof Monheim, Hagenbuch 3–5, 86653 Monheim, Tel. (0 15 15) 2 36 80 88 www.ziegenhof-monheim.de
- ÖPNV: Buslinie 830 (Blossenau – Donauwörth), Haltestelle Monheim Abzweig Wemding

Wachsende Offenheit

16 Weidenkirche in Pappenheim

Wer sich für Städte an Flussläufen interessiert, wird Pappenheim lieben. Wie eine längliche Schleife bindet sich die Altmühl um den Ort, bevor sie ihn am nordöstlichen Kern teilt, von der Altmühlbrücke zusammengehalten. Außerdem ist Pappenheim nahezu jedem bekannt, auch ohne den Ort je betreten zu haben. Denn Schiller erwähnt dessen Bewohner in einem Satz seines Dramas „Wallensteins Tod", der im Laufe der Zeit zu der Redewendung „Ich kenne meine Pappenheimer" mutierte. Tatsächlich ist die Stadt nach dem gleichnamigen Geschlecht des Hochadels benannt, das in der weithin sichtbaren Burg über der Altstadt viele Jahrhunderte residierte. Bis heute prägen stattliche Bürger- und Fachwerkhäuser, mondäne Palais und die Stadtkirche St. Marien aus dem 15. Jahrhundert den charmanten Charakter Pappenheims.

Anno 2007 ist das reizvolle Stadtbild noch um ein besonders lebendiges und naturnahes Bauwerk reicher geworden: die Weidenkirche, die erste in Bayern. Sich nach dem Brünnleinweg rechts haltend und den Bahnweg am Freibad und Bogenschießplatz entlanggehend, läuft man ihr auf einer Wiese in die weit geöffneten Arme. Jugendliche der Evangelischen Jugend in Bayern haben sie um ein filigranes Rankgerüst aus stählernen Rohren gebaut. Sieben Rundbögen tragen das Langschiff, zwölf die überragende Kuppel. Anschließend wurde das 30 Meter lange Skelett mit über 1000 Weidensetzlingen – erst zu Bögen geformt, dann in die Erde gesteckt – bepflanzt. Die Konstruktion, die rund 150 Menschen Platz bietet, ist getragen von der Vision einer „lebendigen und natürlichen Kirche, die wächst, sich verändert und offen ist", wie auf einer Informationstafel zu lesen ist. Ihre volle Zauberkraft entfaltet diese Naturkirche bei einfallendem Sonnenschein, der das dichte Weidenblätterkleid in unterschiedlichsten Grüntönen zum Leuchten bringt. Dann herrscht eine wohltuende Ruhe im Kirchenraum, die man förmlich körperlich und seelisch spürt und die sich beim Blick gen Himmel angenehm verstärkt.

TIPP

Heiraten in der Weidenkirche ist möglich. Nähere Informationen dazu unter Tel. (0 91 43) 6 04 14.

● Weidenkirche, Bahnweg, 91788 Pappenheim
www.weidenkirche.ejb.de

● ÖPNV: Buslinie 698.1 (ab Weißenburg Bahnhof), Haltestelle Pappenheim Bahnhof

Einfach treiben lassen

17 Seilfähre Weltenburg-Stausacker

Glücklich, wer ein Dauerabonnement für die Seilfähre hat, mit der man bequem zwischen Stausacker und Weltenburg übersetzen kann. Das ist heute nicht anders als vor rund 580 Jahren. Tatsächlich beförderte hier bereits anno 1442 eine Fähre Personen ans andere Ufer, allerdings nur an Fest- und Feiertagen. Auch war dieser Service lediglich für Wallfahrer und Besucher des Klosters Weltenburg sowie der etwas oberhalb davon liegenden Frauenbergkapelle gedacht. Ein Abt wachte seinerzeit mit Argusaugen über den streng geregelten Verkehr, inzwischen ist die Stadt Kelheim Herrin über den Fährbetrieb. Das Vehikel lässt sich während der Überfahrt einfach mit der Strömung treiben, kein Motor ist vonnöten. Völlig entspannt gleitet die Fähre hinüber, das Tempo gibt allein die Donau vor. Dass sie unterwegs nicht vom Kurs abkommt, verhindert ein Stahlseil mit Haken, das zwischen der Fähre und Laufrollen hängt, die über die Stahltrosse gleiten, welche die Donau in luftiger Höhe überspannen. So gesichert verfehlt die Fähre ihr Ziel nie, setzt Erwachsene, Kinder, Fahr- und Motorräder, Pkw und Squads stets trockenen Fußes über. Von Ende März bis Anfang November ist sie fast täglich (Betriebszeiten beachten!) zum Einsatz bereit. Da die Überfahrt nur wenige Minuten dauert, geraten Wartezeiten in der Regel kurz und sind auf der Stausackerseite durch herrliche Landschaftseindrücke überaus angenehm. Zur Linken blinzelt hinter hohen Jurakalkwänden ein Klostergebäude hervor, zur Rechten ragt der Zwiebelturm von Weltenburgs Dorfkirche zwischen Bäumen empor und grüßt den Durchreisenden. Wie war das mit dem Glücksabo noch gleich? In der „Mittelbayerischen Zeitung" ließ sich Fährmann Stefan Steinbeck so zitieren: „Die Leute, die übersetzen, um ins Kloster Weltenburg zu kommen, sind glücklich, weil sie sich auf den Besuch freuen. Und die, die wieder zurückfahren, sind glücklich, weil es ihnen so gut gefallen hat." Das klingt nach Glück im Überfluss, für Glücksortesucher ein unbedingtes Muss!

TIPP

Einfach ein nettes schattiges Plätzchen in Ufernähe suchen und der Donau beim Vorbeifließen zusehen.

- Seilfähre Stausacker, Uferstraße 8, 93309 Kelheim, Tel. (01 76) 12 70 12 27, www.kelheim.de/poi/donaufaehre_zwischen_weltenbur-1585
- ÖPNV: Linie VLK 5 und 10 (ab Kelheim), Haltestelle Pater-Josef-Str./ Abzw. Frauenbergstraße

Begehbare Schönheit

18 KunstHaus in Abensberg

Einmal lustvoll mit allen Sinnen in ein bunt-leuchtendes Farbenmeer eintauchen, an dem man sich selbst nach Stunden noch erfreuen kann. Einmal beschwingt durch lebendige Räume voller Fantasie schreiten, die keine geraden Linien kennen und jeden Anflug von Ordnung sprengen. Einmal ein Bauwerk betrachten, das einen so seelenöffnend anlacht und verzückt, dass man knallvergnügt beginnt, „seine Hüften zu klatschen" – wie einst Joachim Ringelnatz im Gedicht „Morgenwonne" schrieb. Ein solches Feuerwerk eindrücklicher Gefühle und rauschhafter Wahrnehmungen kann man haben, und ja, auch am eigenen Leib erfahren. Und zwar im beschaulichen Abensberg, einer Kleinstadt zwischen Ingolstadt und Regensburg im Landkreis Kelheim. Konkreter gesagt, im KunstHaus Abensberg, das auf dem Gelände der Brauerei Kuchlbauer steht, die dort die Kunstwelt mit der Bierwelt auf sagenhafte Weise unübersehbar vereint. Mit offenem Mund steht man verblüfft davor, während die verwunderten Augen über die Fassade wandern und bestaunen, was sie entdecken: einen schiefen Turm, schiefer als der von Pisa, Fenster, Vordach, Seitenwände, alles weich und harmonisch geformt sowie mit bunten Fliesenmosaiken verspielt verziert. Doch es kommt noch besser: Das ganze KunstHaus ist als begehbares Kunstwerk konzipiert. Drinnen lernt man, über viele Ebenen und faszinierende Räume verteilt, Friedensreich Hundertwasser (1928–2000) von verschiedenen Seiten kennen – den Künstler, sein Leben, sein Werk. Man kann sich nicht sattsehen an den Grafiken oder der Raumgestaltung und staunt über die Humustoilette, die Pflanzenkläranlage und vieles mehr. Entstanden ist das 2014 eröffnete KunstHaus nach Plänen des Architekten Peter Pelikan, einem Freund Hundertwassers und dessen Schüler. Man kann es mit und ohne Führung besichtigen, Tickets gibts auch in Kombination mit Kuchlbauers Bierwelt nebenan. Wofür man sich auch immer entscheidet, der Besuch ist unverzichtbar und ein Fest für die Sinne.

TIPP

Im Biergarten der Brauerei steht der Kuchlbauer Turm, wahrscheinlich Hundertwassers letztes Bauwerk.

- Kunsthaus Abensberg, Römerstraße 5, 93326 Abensberg, Tel. (0 94 43) 91 01 50 www.kuchlbauer.de
- ÖPNV: agilis Eisenbahn ab Ingolstadt oder Regensburg, Haltestelle Abensberg

EINGANG
EINGANG

Steineiges Dutzend

19 Felsformation Zwölf Apostel nahe Solnhofen

Östlich von Solnhofen in Richtung des Dorfes Eßlingen schlägt die Altmühl einen großen und weiten Bogen. Der Biegung folgt, weitgehend parallel mit wechselnder Distanz, die Staatsstraße 2230, die praktisch durchs ganze Altmühltal führt. Dahinter steigt, ebenfalls leicht gewölbt, der nördliche Talhang auf. Er ist von einem der schönsten geotopischen Glücksorte in Bayern gesäumt, die „Zwölf Apostel" genannt. Wie beleibte Felstürme ragen sie zum Fluss hin mehr oder weniger senkrecht und stolz in den weiß-blauen Himmel hinauf. Mit ein wenig Fantasie erkennt man in ihnen des Stromes Hüter. Je nach Wetterlage, Lichtverhältnissen und Jahreszeit präsentieren sich diese markanten Naturgebilde mal gelb-, mal grünlich, dann wieder grau und elfenbeinfarben – aber stets von ihrer schönsten Seite. Das wuchtige Felsenensemble stellt im Naturpark Altmühltal eines der auffälligsten Highlights dar. Tatsächlich bilden die Zwölf Apostel die Überreste eines Riffgürtels aus dem tropischen Jurameer, das hier vor Abermillionen Jahren die Gestade umspülte. Das war in einem Land vor unserer Zeit, in der es noch lange keine Alpen gab. Als sich schließlich die Urgewässer zurückzogen, verblieb das Riff als geschlossene Fläche aus versteinerten Schwamm-Algen-Kalken. In der Folge arbeiteten sich Wind und Wetter beharrlich daran ab. Mit dem ebenso zerklüfteten wie eindrucksvollen Ergebnis, das man heute demütig bestaunt. Den besten, weil umfassendsten Blick auf die freistehenden Felsformationen erhascht man vom Radwanderweg aus, der auf dem gegenüberliegenden Altmühlufer verläuft. Dort befinden sich gleich zwei Informationstafeln, die das Naturphänomen ausführlich und verständlich erläutern. Auch eine Waldbank heißt einen dort willkommen, von der aus man in bequemer Rückenlage das Naturschauspiel live und in Farbe so lange man will in Augenschein nehmen kann. Es ist eine Inspiration für die Seele, die nicht nur Romantiker zum Schwärmen bringt.

TIPP

In Solnhofen ein Kanu oder Fahrrad ausleihen und sich auf diesem Wege den Zwölf Aposteln nähern.

- Zwölf Apostel, zwischen Solnhofen und Eßlingen, 91807 Solnhofen
  www.naturpark-altmuehltal.de/sehenswertes
- ÖPNV: Buslinie 801.1 (ab Weißenburg), Haltestelle Solnhofen

Ganz großes Kino

20 Kino Open Air im Turm Baur in Ingolstadt

Seit vielen Jahren findet in Ingolstadt während der Sommersaison unter freiem Himmel ganz großes Kino statt. Doch schon bevor die ersten Filmszenen eines neuen Publikumsrenners oder Oscar-Gewinners über die breite Leinwand im „Kino Open Air im Turm Baur" flimmern, wird dem Besucher etwas Optisches geboten, das ihn tief in die urbane Geschichte eintauchen lässt. Zu Zeiten des alten Herzogtums Bayern kam Ingolstadt unter den wichtigen Städten große strategische Bedeutung zu – wegen der Donaubrücke und der sich hier kreuzenden Handelswege. Diese besondere Situation erforderte einen erhöhten Schutz, weshalb man im 16. Jahrhundert systematisch damit begann, Ingolstadt über mehrere Phasen zur Landesfestung auszubauen. Vor allem das Reduit Tilly – ein am südlichen Donau-Ufer liegender halbrunder zweigeschossiger Bau, seitlich von den längsovalen Türmen Triva und Baur flankiert – ist Kernstück des Brückenkopfes. Und bis heute ein eindrucksvoller Zeuge monumentaler Sicherheitsarchitektur. Inzwischen bildet der zwischen 1828 und 1841 im klassizistischen Stil errichtete Turm Baur hinter kalksteinverblendeter Fassade und vier Meter dicken Mauern die historische Kulisse für moderne Kinounterhaltung. Seit 1996 geht dort alljährlich von Ende Juli bis Anfang/Mitte September das Freilichtkino von Jeanette Mengele über die fulminante Bühne. Tickets sind online (www.kinoheld.de) und ab 18.30 Uhr an der Abendkasse im Biergarten direkt vorm Turm erhältlich. Vor dem Kulturerlebnis kann man sich dort kulinarisch stärken. Rund 50 Tische und Bänke unter Bäumen heißen den Kinobesucher mit einer kleinen, aber feinen Speisekarte willkommen. Danach betritt man den himmelwärts offenen Innenhof durch das Turmtor und unterschreitet die riesige Leinwand auf dem Weg bis zur 680 Plätze fassenden Tribüne. Die ist übrigens überdacht, man wird also nicht nass, weshalb bei jedem Wetter gespielt werden kann, bis nach der rund sechswöchigen Filmsaison für knapp ein Jahr der Kinovorhang wieder fällt.

TIPP

Den ovalen Innenhof vom Turm Baur nutzt mitunter auch das Stadttheater Ingolstadt als Freilichtbühne.

- Kino Open Air im Turm Baur, Brückenkopf, 85051 Ingolstadt, Tel. (01 51) 12 96 40 06, www.freilichtkino-ingolstadt.de
- ÖPNV: Buslinie 10, 11 und 16, Haltestelle Brückenkopf

A
B

Italienisches Flair

21 Altmühlbrücke von Pfünz

Wenn uralte Gemäuer erzählen könnten, was sie im Laufe ihres Bestehens am eigenen massiven Leib erlebt haben, ließen sich damit ganze Bibliotheken füllen. Voll von solchen abendfüllenden Geschichten wäre auch die alte Brücke von Pfünz, auch „Römerbrücke" und unter Einheimischen „sprechendes Denkmal von Pfünz" genannt. Sie ist eine von lediglich 39 mittelalterlichen Steinbrücken, die es noch in Deutschland gibt, neun davon findet man in Bayern. Ob sich von ihr, also dem lateinischen „Pons" für „Brücke", der Ortsname Pfünz ableitet, ist nicht gewiss. Vielleicht geht er eher auf ein einstiges nahes Römerbad zurück, im Lateinischen als „fons" (zu Deutsch: Quelle, Wasser) bezeichnet. Auch sonst hat die „Römerbrücke" nicht viel mit dem einstigen Weltreich gemein, obwohl dessen Truppen oft in der Gegend unterwegs waren. Das römische Kastell Vetoniana, die inzwischen zerstörten Reste einer Villa rustica, sich kreuzende Römerstraßen und der zehn Kilometer entfernte Limes zeugen bis heute davon. Und dennoch: Steht man in den saftig-grünen Talwiesen am malerischen Altmühlübergang umweht einen sogleich ein wohltuender Hauch Italien. Wer die steinerne Brücke aus dem 15. Jahrhundert mit ihren vier Rundbögen und den Pfeilern an den Stirnenden mit den keilförmigen Streben in Augenschein nimmt, sieht sich sofort in italienische Gefilde gebeamt. Das Urlaubsland, in dem die Zitronen blühen, wartet schließlich mit weltberühmten historischen Brücken auf. Leise zieht die Altmühl mit sanfter Strömung unter der „Römerbrücke" hindurch, ihre meterdicken Steinpfeiler dabei geradezu zärtlich umspielend. Eine Geste, die man mit etwas Fantasie als liebevolle Wiedergutmachung für durch die Zeitläufte erfahrenes Leid deuten könnte: Im Napoleonischen Krieg etwa wurde sie anno 1800 von Österreichern gesprengt und 1976 von einem US-Panzer schwer demoliert. Trotz allem steht sie mit ihrem nachweislich spätmittelalterlichen Kern zur Freude ihrer Besucher immer noch dort.

TIPP

Jährlich findet auf dem Pfünzer Osterberg das international besuchte Bayerische Teleskopmeeting statt.

- Alte Altmühlbrücke (direkt am Altmühl-Radweg), 85137 Walting-Pfünz
- ÖPNV: Buslinie 9232 (Eichstätt–Beilngries), Haltestelle Pfünz, Eichstätter Straße

Parade der Kaltblüter

22

Traditioneller Rossmarkt in Berching

Manche Menschen finden ihr Glück in stiller Abgeschiedenheit – beschaulich unter einer urwüchsigen Buchenveteranin mit üppigem Blätterdach oder am Ufer eines in offener Flur leise plätschernden Baches. Andere benötigen für ihr Glücklichsein ein gegenteiliges Setting: spektakuläre Veranstaltungen mit johlenden Massen, geschäftigem Hin-und-her-eilenden-Gewimmel und besonderen Attraktionen. Und es gibt wiederum jene, die erquicken und laben ihre Seele erst so richtig, wenn sie etwas von beidem haben. Für Letztere ist der Mittwoch nach Lichtmess wie gemacht. An diesem Februartag geht mitten in Berching, dem mittelalterlichen Kleinod in der Fränkischen Alb, der traditionelle Rossmarkt über die malerische Bühne. Seinen Auftakt erlebt das inzwischen wohl größte Wintervolksfest in Bayern im „Berchinger Pferde- und Fohlenmarkt" (erstmals 1926), dessen Wurzeln in der „Rossbeschau" liegen und bis ins 17. Jahrhundert zurückreichen. Die historische Altstadt Berchings verwandelt sich dann in einen riesigen Kleintier- und Warenmarkt mit unterschiedlichsten Ausstellern und Händlern. Das unangefochtene Highlight im Programm ist jedoch der geschlossene Auftrieb von mehr als 100 prächtig geschmückten Pferden mit hochglanzpolierten Geschirren. Vor allem eindrucksvolle Kaltblüter, ohne die früher Landwirtschaft nicht denkbar gewesen wäre, klappern mit ihren Hufen übers Kopfsteinpflaster der Altstadt hinweg – vom Marientor bis zum Reichenauplatz. Dort stehen sie dann zum Streicheln nah mit ihren muskelschweren Körpern auf dicht befellten Fesseln und sehen ihrer Prämierung gelassen entgegen. Das Kürlaufen ist ein seltenes Ereignis, denn diese Pferderassen sind in ihrem Bestand stark geschrumpft, aber wohl noch einigermaßen gesichert. Alljährlich zieht dieses Spektakel 15.000 bis 20.000 Besucher an, gleichwohl lässt es Raum für die stillen kleinen Momente. Wer in die ausdrucksvollen Augen eines Kaltblüters blickt, fühlt sich, so eigenartig es klingen mag, nicht selten beglückt.

TIPP

Frühes Aufstehen lohnt: Um 6 Uhr geht der Kleintier- und Warenmarkt in der historischen Altstadt los.

- Traditioneller Rossmarkt, Reichenauplatz, 92334 Berching
  www.berching.de/rossmarkt
- ÖPNV: Buslinie 515 (ab Neumarkt), Haltestelle Berching Volksschule

DIETERSDORF
DIETERSDORF

Zum glitzernden Riesen

23

Kristallmuseum in Riedenburg

Draußen in dem im Hundertwasserstil gestalteten Eingangsbereich steht an der in irdenen Tönen mosaikartig verzierten Fassade mit großen geschwungenen Lettern geschrieben, was den Besucher drinnen erwartet. Nichts Geringeres als „Wunder der Natur". Sodann folgt noch ein Versprechen, dessen Wahrheitsgehalt man schon nach wenigen Schritten mit den eigenen Sinnen überprüfen kann: „Die Phantasie kann auch den kühlsten Stein zum Sprechen bringen." Das verspricht die Ausstellung im staatlich anerkannten privaten Kristallmuseum Riedenburg. In einem abgedunkelten Raum, gesäumt von erleuchteten, in verwinkelte Wände eingelassenen Vitrinen, wird gleich aus dem Vollen geschöpft und eine große Sammlung von Kristallen und Edelsteinen präsentiert – auf Schildern wird kurz und knapp erklärt, was einen da gerade so kostbar und geheimnisvoll anfunkelt. Worauf das Auge auch fällt, stets ist man aufs Neue regelrecht verzaubert und steht staunend vor den kleinen und großen Wundern von Mutter Natur. Ein Raum mit der weltweit größten Sammlung von Turmalinen versetzt den Betrachter in einen wahrhaft betörenden Farbenrausch. Turmaline zählen, und das ist offensichtlich, zu den Mineralen mit den ausgiebigsten Farbvariationen. Mal mehr, mal weniger Blau, Violett, Rot, Gelb oder Grün, mal zu kunterbunten Zonen gemischt, dann wieder, je nach Lichteinfall, intensiv schillernd. In einem anderen Bereich findet man Edelsteine, die Sternzeichen zugeordnet sind. Wer also sein Schicksal den Gestirnen überlässt, ist hier goldrichtig. Apropos – Güldenes gibt es dort auch. Das unangefochtene Highlight ist zwei Meter lang, drei Meter breit und fast acht Tonnen schwer: die weltweit größte Bergkristallgruppe. Sie wurde Anfang der 80er-Jahre in den USA tief unter der Erde in einer Quarzgrube gefunden und fand in Riedenburg im extra für sie gegründeten Museum ihren gebührenden Platz. Welch ein unglaublich glitzerndes Glück!

TIPP

Im Museumsshop findet man eine große Auswahl an funkelndem Edelsteinschmuck und allerlei Souvenirs.

- Kristallmuseum, Bergkristallstraße 1, 93339 Riedenburg www.kristallmuseum-riedenburg.de
- ÖPNV: Buslinie 6022 (ab Kelheim), Haltestelle Riedenburg Großparkplatz/Zentrum

Blaue Serie
Die überragende Bedeutung der Fundstelle Anjanabonoina im Hochland von Antsirabé auf Madagaskar liegt in der einzigartigen Ausbildung der harmonisch wechselnden Farbzonen der bis zu 25 kg schweren Einzelkristalle.
Alpha – Serie

Erstklassige Lebensmittel

24 Hofladen Kloster Plankstetten in Berching

Glücklich darf sich schätzen, wer im Einzugsbereich der Benediktinerabtei Plankstetten seinen Lebensmittelpunkt hat. Denn einfach alles, was man für den täglichen Bedarf braucht, lässt sich im Hofladen des Klosters decken. Aber auch Glücksortesucher kommen hier garantiert auf ihre Kosten. Seit 1129 thront die Benediktinerabtei zwischen Beilngries und Berching am Hang des Sulztales. Erst die Säkularisation bereitete ihr 1806 den Garaus, 100 Jahre später gründete sie sich wieder neu. Seit 2000 findet sich im eindrucksvollen Ambiente des klösterlichen Areals besagter Hofladen, der seinen Kunden täglich frische Bio-Köstlichkeiten aus eigener ökologischer Herstellung anbietet. Denn das Kloster betreibt eine organisch-biologische Landwirtschaft, Gärtnerei, Bäckerei, Metzgerei, Käserei, Imkerei und Brennerei und kauft von regionalen Biobauern aus der Region zu. Ergänzt wird das Angebot zum Vollsortiment über den auf Ökoprodukte spezialisierten Großhandel. Auf 200 Quadratmetern gibt es alles, was den Menschen nährt und das Herz ansonsten begehrt. Das beginnt am Eingang zur Rechten mit dem bunt gefüllten Obst- und Gemüseregal, in dem sich saisonal wandelnd Weiß- und Blumenkohl, Wirsing, Karotten, Paprika, Tomaten, Salat und Sellerie mit Äpfeln, Birnen, Trauben und Pflaumen ein vitaminreiches Stelldichein geben. Gleich darauf folgt die Bäckertheke, die mit leckeren Kuchen sowie Semmeln und Broten aus klösterlichem Getreide lockt. Darunter finden sich sogar Backwaren aus Emmervollkorn, eine der ältesten kultivierten Arten, die heutzutage kaum noch angebaut wird. Daran schließen sich Fleisch- und Wurstwaren sowie verschiedenste Käse, die einen buchstäblich verführen – und ganz umweltgerecht in Graspapier eingepackt werden. Natürlich sind dort auch Säfte, Milch, Biere, Brände und vieles mehr zu haben. Glücklicherweise gibt es einen Onlineshop mit dem Besten aus dem Klosterhofladen, allerdings liefert dieser nur im Umkreis von 50 Kilometern aus.

TIPP

Nur wenige Schritte vom Hofladen entfernt lädt die Klosterschenke mit Biergarten zur Einkehr ein.

● Hofladen Kloster Plankstetten, Klosterplatz 1, 92334 Berching
www.kloster-plankstetten.de/einkaufen/hofladen
● ÖPNV: Buslinie 515, Haltestelle Plankstetten Abtei

Schwimmende Komfortzone

25 Floating Village auf dem Brombachsee

Wer den von dichten Mischwäldern gerahmten Brombachsee sieht, der braucht kein Meer, um sein Fernweh zu stillen. Zumal sich auf dem größten Stausee im Fränkischen Seenland ein Ganzjahres-Glücksort befindet: Floating Village, das seit September 2018 aus 19 buchbaren Wasservillen im Segelhafen Ramsberg besteht. Das außergewöhnliche Urlaubsdomizil verbindet den nostalgischen Charme eines Hausbootes mit dem angenehmen Komfort eines 4-Sterne-Ferienhauses. Dabei hören die schwimmenden Oasen auf so verlockende und wohlklingende Namen wie Seeperle, Daydreamer, Sunset, Enjoy oder Sansibar und präsentieren sich in ganz individuellem Flair. Die Einrichtungen variieren zwischen warmen Beerenfarben mit Vintage-Möbeln, maritimem Yachtstil und holzverliebtem Finnen-Look. Dabei ruhen die 67-Quadratmeter-Villen durchweg auf schwimmenden Pontons, an einem Steg fest miteinander verbunden. Lediglich wenn stürmischer Wind übers Seewasser fegt und das Wasser in Schwingung versetzt, spürt man ein angenehmes Auf- und Abwiegen – ein klein wenig wie bei einer Schifffahrt auf offener See. Das Beste sind aber die Bug- und Dachterrasse. Letztere ist allein 25 Quadratmeter groß und über eine Leiter zu erreichen und bietet einen fantastischen Rundumblick. Dort oben entspannt zu sitzen, mit oder ohne einem Glas Wein in der Hand, um dem zwischen Gelb, Orange und Rot changierenden Farbenspiel des Sonnenuntergangs beizuwohnen – was braucht man mehr zum Glück? Oder morgens direkt aus dem Bett in die Badesachen schlüpfen und kopfüber in den Brombachsee eintauchen – mehr Entschleunigung ist kaum zu haben. Und zeigt der Himmel doch einmal seine grau-kühle Seite, zündet man kurzerhand den Gaskamin an, hüllt sich in die wohlige Wärme und trennt sich beim Blick über die Weite des Sees von trüben Gedanken. Natürlich ist diese schwimmende Komfortzone nicht gerade billig zu haben, dafür hält jedoch eine erholsame Auszeit in der Floating-Village-Oase sehr lange an.

TIPP

Über das Conciergesystem lassen sich gegen Gebühr auch SUP-Boards, Yogakurse und vieles mehr buchen.

- Floating Village, Am Segelhafen 2, 91785 Pleinfeld/Ramsberg, Tel. (0 89) 51 11 02 01, www.eco-lodges.de
- ÖPNV: Buslinie 645 (ab Pleinfeld), Haltestelle Ramsberg Seezentrum

Floating Village

Unvergessliches Entree

26 Ellinger Stadttor in Weißenburg in Bayern

In Weißenburg, im Jahre 867 erstmals urkundlich erwähnt, trifft man auf eine der besterhaltenen Altstädte in der gesamten Region. Sie erfreut den Besucher mit besonders vielen Attraktionen, darunter das Ellinger Tor. Das öffnet sich im Norden der Weißenburger Altstadt zur Nürnberger Straße hin, die über vier Kilometer nach Ellingen führt. Es ist eines der schönsten Stadttore Deutschlands, dessen massiv-steinernes Erscheinungsbild nicht nur unter Baukunstfreunden überschäumende Freude hervorruft. Sein Anblick ist unvergesslich – ein durch inflationäre Nutzung zwar überstrapaziertes Wort, hier trifft es aber ins Schwarze. Das Ellinger Tor, das Teil der um 1200 errichteten und bis heute partiell gut erhaltenen Stadtmauer war, ist über mehrere Jahrhunderte und Bauphasen gewachsen: Im 14. Jahrhundert wurde der Torturm gebaut, sein Obergeschoss mit Kuppelhelm folgte im 17. Jahrhundert. Um 1520 kamen Vorwerk und Wehrgang hinzu. In der Mitte der Außenfassade ist der Reichsadler zu sehen, der Ankömmlingen signalisierte: Wir sind eine freie Reichsstadt, nur dem Kaiser unterstellt. Zwei Durchgänge hat das prachtvolle Tor: Einen großen, Rossloch genannt, durch den die Händler einst mit ihren Wagen voller Waren zum Entladen hinter die Stadtmauer kamen; und einen kleinen, das sogenannte Mannsloch, durch den Besucher fußläufig in die Innenstadt gelangten. Das Stadttor wurde mit Sonnenaufgang geöffnet und fiel mit der einsetzenden Abenddämmerung wieder ins Schloss. Auf diese mittelalterliche Torpraxis geht der noch heute gebräuchliche Begriff „Torschlusspanik" zurück. Denn wer das Stadttor nicht bis Sonnenuntergang erreichte, musste über Nacht draußen bleiben, wo Wind und Wetter, üble Räuber sowie wilde Tiere lauerten. Wenn man das Vorwerk betritt, meint man tatsächlich Hufgeklapper von Pferden zu hören, die schwere Wagen mit eisenbeschlagenen Rädern durchs Tor ziehen. Gefolgt vom „Ho" des Kutschers, damit sie halten und die Ladung geprüft werden kann.

TIPP

In der Tourist-Info neben St. Andreas kann man sich den Schlüssel leihen, um den Torturm zu besteigen.

- Ellinger Tor, Ellinger Straße, 91781 Weißenburg in Bayern
- ÖPNV: Buslinie 619 (ab Greding Hallenbad), Haltestelle Weißenburg Zentralschule

Lebendige Geschichte

27 Römerkastell Vetoniana in Pfünz

Das kleine Kirchdorf Pfünz im Altmühltal, ein 450-Seelen-Ort der Gemeinde Walting, hat historisch gesehen viel Glück. Denn seine relative Bekanntheit, die ihm täglich Besucher beschert, verdankt es dem langen Atem der Geschichte. Aus der Steinzeit künden bis heute eine Mammuthöhle bei Buchenhüll sowie Schlagplätze auf dem Osterberg, wo man aus Hornstein Werkzeuge und Waffen schuf. Steinerne Zeugen der Eisenzeit sind ein Halbringwall und eine Viereckschanze. Strategisch relevante Bedeutung hingegen erlangte Pfünz erst vor gut 2000 Jahren unter den Römern – nicht um der hohen Sympathiewerte der Siedler willen, eher wegen seiner herausragenden Lage. Zum einen kreuzten sich hier zwei Römerstraßen, die Weißenburg mit Kösching und Nassenfels mit Böhming verbanden – die galt es, zu bewachen. Zum anderen verlief in nur zehn Kilometern Entfernung der Limes, die Grenze des römischen Weltreichs, seit 2005 UNESCO Weltkulturerbe – die dort eingesetzten Posten waren zu versorgen. Deshalb errichteten sie in Pfünz ein befestigtes Militärlager, das Kastell Vetoniana. Das thronte, 189 Meter lang und 145 Meter breit, auf einem flachen Bergsporn, 42 Meter über den Tälern der Altmühl und des Pfünzer Bachs, wenige Hundert Meter Luftlinie südlich des heutigen Ortskerns. Dafür gibt es zwei nennenswerte Gründe: Bei Hochwasser bekamen die Soldaten dort oben keine nassen Füße und eine gute Fernsicht bot der Standort auch. Dennoch wurde das Kastell (wie auch alle anderen römischen Bastionen nördlich der Donau) um die Mitte des 3. Jahrhunderts beim Alemanneneinfall erst überrannt, dann niedergebrannt – und die Römer wurden für immer des Platzes verwiesen. Seit 1989 stehen dort das imposante Nordtor und ein Stück Wehrmauer samt Eckturm als Rekonstruktion. Sie vermitteln einen begehbaren Eindruck von der einstigen Größe. Und auf dem „Römerlehrpfad“ am Kastell wird die Historie von Vetoniana und seines Lagerdorfs anschaulich erklärt – und Geschichte lebendig. Ein glücklicher Umstand, mit dem Pfünz wuchern kann.

TIPP

Am Ortseingang weist der „Goldene Meilenstein“ des Künstlers Matthias Braun sichtbar aufs Kastell hin.

- Römerkastell Vetoniana, Römerstraße, 85137 Walting
- ÖPNV: Buslinie 9232 (Eichstätt–Beilngries), Haltestelle Pfünz, Eichstätter Straße

Yin und Yang im Wald

28 Schrein nahe Kinding-Badanhausen

Über manche Glücksorte im Altmühltal stolpert man buchstäblich. Obwohl kein Hinweisschild dorthin lenkt, kommt man dennoch auf einer Wanderung durch den Naturpark irgendwann daran vorbei. Im Rechtlerwald nahe Badanhausen gibt es ein solches Plätzchen, das einem in Bruchteilen von Sekunden das Gefühl vermittelt, an einem besonderen Ort angekommen zu sein. Zudem ist die Stelle leicht zu erreichen. Hinter der Kapelle am Kerntalweg wendet man sich dem ansteigenden Hang zu und bereits nach wenigen Gehminuten kommt es unmittelbar hinter einer schottrigen Rechtskurve zu einer überraschenden Begegnung. Dort steht ein wenig zurückgesetzt und von jungen Tannen, niedrigen Sträuchern und hohen Laubbäumen dicht geborgen ein aus Vierkanthölzern geformtes tibetisches Torii, das sich als Schrein mit Gebetsmühle erweist. Seitlich daran angebracht, aus einer dicken Baumscheibe geschält, findet sich das typisch schwarzweiße Yin-Yang-Symbol. Spätestens jetzt wird dem Wanderer klar, dass er hier inmitten eines heimischen Waldes ein Terrain fernöstlicher Spiritualität betritt. Zudem flankieren zwei tempelartige Miniaturen mit baldachinartigen Dächern den Zugang zum Schrein. Sie scheinen diesen Ort zu behüten. Die drei Rollen der Gebetsmühle in grüner, blauer und brauner Farbe sind jeweils mit einer kurzen Sentenz umlaufend beschrieben, deren Inhalt sich erst dann vollends entfaltet, wenn man sie langsam dreht und liest. Im tibetischen Buddhismus ist das Drehen der Gebetsmühle eine spirituelle Praxis, um körperliche Aktivität und geistig-spirituelle Inhalte miteinander zu verknüpfen – das kann man an Ort und Stelle selbst ausprobieren. Wer die erste Rolle bewegt, erfährt: „Just ging ein Glück vorüber, als ich schlief. Und wie ich träumte, hört ich nicht: Es rief.“ Nach einer Weile des stillen Innehaltens mag es an der Zeit sein, seinen Weg fortzusetzen – womöglich nun mit wacher Aufmerksamkeit.

- Waldschrein, Kerntalweg, 85125 Kinding-Badanhausen
- ÖPNV: Buslinie 9232, Haltestelle Badanhausen

orüber,
amte,
Ein
rr und fühllos
tte kauert, grau
War ein Nest
der Hütt' ein
arm und Weh
ühling zeig
Wunden hat
ist Wald einig
cht in die Stadt

Steinerne Pforte

29

Burgstall Torfelsen über Unteremmendorf

Südwestlich vom Kratzmühlsee ist das beschauliche Unteremmendorf anzutreffen. Der Ursprung des heutigen Gemeindeteils des Marktes Kinding entstand bereits vor Hunderten von Jahren zwischen der damals schon ruhig dahinfließenden Altmühl und dem dicht bewaldeten Hang, der zum Kühberg und Büchel hinaufführt. Stück für Stück ist das typische Straßendorf mit den Höfen und Häusern um die aus dem 12. Jahrhundert stammende St.-Nikolaus-Kirche herum gewachsen. Hoch oben in den Wäldern über dem Dorf liegt ein faszinierender Glücksort verborgen, an dem es scheint, als sei die Zeit stehen geblieben. Hektik und Stress sind Fremdwörter an einem Ort, der an längst vergangene Epochen erinnert. Der versteinerte Rundbogen eines natürlich gewachsenen Felsentores, hartnäckig von Wind und Wetter schroff modelliert, gewährt seinen wandernden Gästen freien Durchlass. Als Sehenswürdigkeit „Burgstall Torfelsen" ist er in die Annalen von Unteremmendorf, mehr noch: des ganzen Naturparks Altmühltal eingegangen, was ihm während der Saison willkommenen Publikumsverkehr beschert. Hier bleiben Erinnerungen an längst vergangene Tage wach, als das Tor noch den massiven Zugang zu einer Burg markierte, auf der vermutlich ein regeres Kommen und Gehen als gegenwärtig herrschte. Heute ist von der alten Burg lediglich der Platz übrig geblieben, auf dem sie einmal monumental gestanden haben muss. Etwas unterhalb des Felsentores ist noch ein weiteres archäologisches Denkmal zu bewundern. Eine gut 25 Meter tiefe und begehbare Höhle, die man über eine bereitgestellte Leiter erreicht. Vermutlich gehörte diese Höhle auch zur ehemaligen Burg, ihre Funktion ist bis heute ein gut gehütetes Geheimnis. Wer sie genauer in Augenschein nehmen möchte, sollte sie mit einer Taschenlampe aufsuchen, da es sonst schnell finster wird. In der Dämmerung flattern Fledermäuse heraus – ob sie wohl die zurückgelassenen Tagträume der Höhlenbesucher mit sich forttragen?

TIPP

Von Unteremmendorf führt ein markierter Steig (Altmühltal-Panoramaweg) zum Felsentor hinauf.

● Burgstall Torfelsen, Unteremmendorf 14, 85125 Kinding
www.naturpark-altmuehltal.de/sehenswertes/felsentor_unteremmendorf-2547
● ÖPNV: Buslinie 9222 (Riedenburg – Beilngries/Denkendorf – Kinding), Haltestelle Unteremmendorf

Bemooste Kaskaden

30

Der Hohe Brunnen bei Sollngriesbach

Wer die Wahl hat, hat die Qual. In diesem Falle ist es jedoch egal, denn beide Wanderwege – ob von Berching oder Sollngriesbach aus – führen ans Ziel. Das wiederum liegt tief im Mischwald zwischen Hang- und Sauleite verborgen und bis dorthin müssen die Beine einige Höhenmeter bewältigen. Aber die Unternehmung lohnt, sieht man sich doch am Ende einer filigranen Naturschönheit gegenüber, die, selbst wenn die Waden noch ein wenig zwicken sollten, einfach glücklich macht. Was Mutter Erde hier erschaffen hat, ist nicht nur aller Ehren, sondern auch bewundernswert. Und solange der betrachtende Besucher seine Finger und Füße im Zaum hält, bleibt alles gut, so wie es ist. Weswegen bei der Kalktuffterrasse Hoher Brunnen nahe Berchings Sollngriesbach strengstes Betretungs- und Berührungsverbot herrscht, das auch für mitgeführte Vierbeiner gilt. Das Naturschauspiel, das dort seit Hunderten von Jahren zur Aufführung kommt, besteht aus unzähligen grün leuchtenden, kalkverkrusteten Moosterrassen, die sich wie auf einer Treppe in unglaublich langsamer Zeitlupe hangabwärts bewegen. Fürs bloße Auge ist der Fortschritt nicht im Geringsten zu erkennen, das spärliche Wachstum der zarten Kalktuffschicht beziffern Experten mit gerade einmal einem Millimeter pro Jahr. Gegenwärtig haben die wunderschönen Kaskaden ein Ausmaß von etwa 40 Meter Länge, 25 Meter Breite und rund sieben Meter Höhe erreicht. Dazwischen bahnen sich leise plätschernde und sacht fließende Rinnsale ihren Weg – mit Kurs auf den Kirchenbach, der schließlich nach gut zwei Kilometern in den Main-Donau-Kanal mündet. Gespeist wird das als Geotop ausgewiesene Naturschauspiel von zwei Quellen, die sich kurz vor der Geländestufe zu einem kleinen Bach vereinen, der den Hohen Brunnen mit seinem mineralhaltigen Wasser bestens versorgt. Und wenn dann noch die Sonne das Treppengefüge licht bescheint, senkt sich dieser einmalige Anblick tief in die Seele.

TIPP

Die Rundtour folgt ab Berching „Wanderweg Nr. 4", von Sollngriesbach aus gehts in der Sauleite los.

● Kalktuffterrasse Hoher Brunnen bei Sollngriesbach (im Wald), 92334 Berching
● ÖPNV: Buslinie 515 (ab Neumarkt), Haltestelle Berching Volksschule

Treideln mit 1 PS

31

Kahnfahrt auf dem Ludwigskanal nahe Berching

Der Ludwig-Donau-Main-Kanal, kurz: Ludwigskanal, verband einst die Nordsee mit dem Schwarzen Meer, heute ist er nur noch ein romantisches Überbleibsel aus der Gründerzeit. Und die alten Treidelwege, auf denen Pferde bis ins 19. Jahrhundert vom Kanalufer aus die mit Getreide und anderen Gütern beladenen Lastkähne flussaufwärts zogen, haben sich längst in idyllische Radwanderwege verwandelt, auf denen Touristen und Einheimische pedaletretend Erholung suchen. Eine überaus anschauliche Vorstellung vom geschäftigen Treiben jener Tage auf dem Alten Kanal kann man sich allerdings noch heute auf einem historischen Treidelschiff machen. Es trägt den Namen „Alma Viktoria" und bringt schlappe 20 Tonnen auf die Waage. Auf ihr kann man in nostalgischer Manier den Sommer über in Gruppen- oder Sonderfahrten lautlos über den Ludwigskanal durch eine wunderschöne Landschaft gleiten, besser: nach Herzenslust treideln. Gut anderthalb Stunden dauert die ruhige Fahrt mit dem Schiff, das unweit von Berching auf dem Streckenabschnitt zwischen Mühlhausen und Pollanten mit der 1-PS-Zugkraft eines Süddeutschen Kaltblüters gemächlich verkehrt. Über ein 40 Meter langes Seil sind Kahn und Pferd miteinander verbunden. Das 21 Meter lange Treidelschiff erlebte zur Landesgartenschau 1998 in Neumarkt in der Oberpfalz seine Wiedergeburt als Tourismusattraktion. Dafür wurde der offene Laderaum zunächst mit einem Bretterboden versehen, danach überdacht. Start und Ziel der Treidelfahrt ist die Schleuse 25, die einzige des Alten Kanals, die dank guter Pflege immer noch ihren Dienst versieht. Die Treidelreise beginnt mit der Schleusung, die einen in der Kammer ganz sacht rund drei Meter senkt und durchs von Hand geöffnete Tor – gefühlt – in die alten Tage des Ludwigkanals entlässt. Vom Vor- und Achterschiffruder auf Kurs gehalten, vom Kaltblüter gemütlich gezogen. Auf der „Alma Viktoria" erlebt man lokale Geschichte hautnah, sehr glücklich im Hier und Jetzt zu sein.

TIPP

Buchung via Martin Deflorin (Kutscher Alm), Tel. (0 84 62) 5 81, www.kutscher-alm.de/treidelfahrten.

- Kahnfahrt, Schleuse 25, nahe Mühlhausen am Ludwigskanal, 92334 Berching
- ÖPNV: Buslinie 515 und 517, Haltestelle Mühlhausen Rathaus: Von der Bahnhofstraße rechts zwischen Sportplatz und Skatepark in den Waldweg. Nach 1 km ist man da.

Grünes Wohnzimmer

32 Das Riedenburger Brauhaus

Der Naturpark Altmühltal ist nicht nur für Naturfreunde Augenweide und Schlaraffenland, auch Anhänger eines gepflegten Hopfensmoothies, wie junge Leute heute nach Reinheitsgebot gebraute Biere nennen, kommen dort auf ihre feinschmeckenden Kosten. Gut 25 Privatbrauereien sorgen in der Region für ein mit süffigen Spezialitäten prallvolles Füllhorn. Unter ihnen befindet sich die älteste noch bestehende Klosterbrauerei der Welt in der Benediktinerabtei Weltenburg unweit des Donaudurchbruchs. Zu diesem bierseligen Reigen gehört aber auch eine traditionsreiche Familienbrauerei, die im Besitz der Familie Krieger ist und als erste Brauerei in Bayern seit 1994 zu 100 Prozent rein ökologisch braut: das Riedenburger Brauhaus, dessen Flaschen drei Rosen als Erkennungszeichen tragen, vom Stadtwappen inspiriert. Neben traditionellen Bieren hat die Bio-Brauerei noch Craftbiere und Sondersude sowie Bio-Limonaden im erlesenen Angebot. Darunter findet man auch das „historische Emmer Bier", nach dem gleichnamigen Urgetreide benannt, das heute kaum noch angebaut wird. Wenn man das Glück hat, ein Emmer-Feld zu sehen, erkennt man es leicht an seinen schwarzen Ähren und dem goldgelben Stroh. Emmer ist aber nicht nur ein Hingucker, sondern auch ein Bauchschmeichler. Sein hoher Eiweißgehalt geht beim Brauen nicht flöten und tut dem Emmer-Bier-Genießer-Magen nachgewiesenermaßen richtig gut. Dass es bis heute deutschlandweit nur drei Brauereien gibt, die gewerblich und konsequent Bio-Biere herstellen, zeugt von der erfahrungsreichen Kunst, die im Riedenburger Brauhaus praktiziert wird. Davon kann man sich bei einer Brauereiführung am besten selbst überzeugen. Danach geht es auf direktem Wege ins „Grüne Wohnzimmer", wie der nur 50 Meter entfernte brauereieigene Biergarten heißt. Der bietet 200 Gästen unter Schatten spendenden Kastanien oder im sonnenverwöhnten Rosengarten ausreichend Platz. Und kostet man endlich eines der Biere, weiß man, wie gut beste Qualität wirklich schmecken kann.

TIPP

Von Mai bis Oktober findet donnerstags eine Brauereiführung statt: ab 10:30 Uhr und ab 6 Teilnehmern.

- Riedenburger Brauhaus, Hammerweg 5, 93339 Riedenburg, Tel. (0 94 42) 9 91 60 www.riedenburger.de
- ÖPNV: Buslinie 6022 (ab Kelheim), Haltestelle Riedenburg Großparkplatz/Zentrum

Bio Bier-Spezialitäten
BIO-BIERSPEZIALITÄTEN
Riedenburger

Urzeitliche Schatzsuche

33 Fossiliensteinbruch auf dem Blumenberg

Barfuß steht man am sandigen Ufer einer Lagune, dahinter wabert ein riesiges Meer. Ungestört gleitet der Blick übers Wasser bis zum Horizont, von den Alpen noch keine Spur. Kleine Wellen rollen heran und schwappen an den Strand. Es ist tropisch warm, die Luftfeuchtigkeit hoch – immer. Selbst im kältesten Monat sinken die Temperaturen nicht unter 20 Grad. Es herrscht ein Klima, wie man es heute von den Bahamas kennt. So ging es tatsächlich einmal im Naturpark Altmühltal zu – vor Abermillionen Jahren – unglaublich, aber zweifellos wahr. Denn bis heute zeugen zahlreiche Spuren aus diesen längst vergangenen Tagen, so in der Altmühljuraregion, dem Landstrich zwischen Langenaltheim, Solnhofen, Mörnsheim und Eichstätt. Dort sind sie als Überreste früheren Lebens in Form von Fossilien buchstäblich zum Greifen nah. Tiere und Pflanzen versanken abgestorben in der Lagunenbucht und wurden im Laufe vieler Jahrtausende unter dem Gewicht der Kalkschichten in Versteinerungen umgewandelt. Am Rande des mächtigen Fossiliensteinbruchs auf dem Blumenberg oberhalb von Eichstätt, unweit vom Kinderdorf Marienstein bekommt man einen imposanten Eindruck davon (Eintritt: Kinder und Jugendliche 3 €, Erwachsene 6 €). Zu Füßen öffnen sich tiefe, ineinandergreifende Mulden, teilweise von schroffen Abbruchkanten begrenzt – wie ein riesiges Fenster in die Vergangenheit. Dazwischen ruhen unterschiedlich große Gesteinshaufen aus gebrochenen hellen Kalksteinplatten, die jene urzeitlichen Zeugnisse in sich tragen. Mit Hammer und Meißel (Ausleihe am Kiosk: 2 €) dürfen Hobbypaläontologen hier munter zur Tat schreiten und die durchaus aufregende Fossiliensuche beginnen. Und ist das Glück einem hold, darf man seinen an die 100 Millionen Jahre alten Schatz – vielleicht ein schneckenförmiger Ammonit – sogar behalten. Der wäre zwar erschwinglich zu erwerben, ist aber selbst gefunden und deshalb von unschätzbarem und bleibendem Wert.

TIPP

Vom Bahnhof Eichstätt Stadt führt der ausgeschilderte „Fossilienpfad" zum Steinbruch (Rundweg 9 km).

● Fossiliensteinbruch für Hobbysammler, Kinderdorfstraße, 85072 Eichstätt
www.naturpark-altmuehltal.de/sehenswertes/fossiliensteinbruch_fuer_hobby-253
● ÖPNV: Regionalbus 410 (ab Eichstätt Richtung Schernfeld), Haltestelle Kinderdorf

Vom Glück des Friedens

34 Figurenfeld im Altmühltal nahe Eichstätt

Nördlich der Kipfenberger Straße, die zwischen dem Ortsteil Landershofen und Eichstätts Zentrum verläuft, liegt das vom Doktorberg zur Linken und Haselberg zur Rechten flankierte Hessental. Flächendeckend in Grün gekleidet, nährstoffarme Magerrasen und buschige Wacholder samt beerenförmigen Zapfen – so weit das Auge reicht. Am Himmel eine unglaublich strahlende Sonne, wie nur Kinder sie malen. Hier, in den verkarsteten Trockenhängen einer der wohl ältesten Kulturlandschaften – für viele Tier- und Pflanzenarten ein wahres Paradies – sieht man sich plötzlich in einer Talsenke den Figuren des Bildhauers und Malers Alois Wünsche-Mitterecker (1903-1975) gegenüber. Nicht weniger als 78 überlebensgroße Plastiken, gefertigt aus einem Beton-Ton-Gemisch: Menschen, Tiere, Körper, Masse in tristem Grau. Aus der Entfernung sind sie kaum auseinanderzuhalten und zu unterscheiden. Sicher ist hingegen, es geht um eine offene und gnadenlose Feldschlacht. Nur scheinbar wahllos über den muldigen Naturraum verteilt – Liegende, Fallende, Schlagende, Kriechende, Verwundete, Schreiende, Sterbende. Der Betrachter weiß zunächst nicht, wie ihm geschieht: Gerade lustwandelte er noch durchs malerische Altmühltal, und von einer Sekunde auf die andere fühlt er sich an die Schlachtfelder von Verdun, Stalingrad oder Berlin erinnert. Genau so hat es der Künstler beabsichtigt. Dieses monumentale Werk vergegenwärtigt das tragisch-sinnlose Kämpfen und Sterben, „hinter dem die Dimensionen von Freund und Feind, von Sieger und Besiegten als bedeutungslos zurückbleiben", wie es auf einer Infotafel am Rande des Mahnmals heißt. Doch wenn man das Figurenfeld schließlich wieder verlässt, vollzieht sich ein unglaublicher Stimmungswandel. Mit jedem Schritt, den man sich von diesem eindrücklichen Gelände entfernt, weicht die erfahrene Traurigkeit und Verstörung einem anschwellenden Glücksgefühl darüber, seit Ende des Zweiten Weltkrieges in einer der längsten Friedenszeiten Deutschlands zu leben.

- Figurenfeld im Altmühltal, Jura-Hochstraße, 85072 Eichstätt
- ÖPNV: RB14 (ab Ingolstadt), Haltestelle Eichstätt Stadtbahnhof

Korallenriff voraus

35 Alte Brücke mit Brückenturm in Essing

Wer von der Umgehungsstraße aus durch einen schmalen Grünstreifen an die alte Holzbrücke Essings tritt, die sich 46 denkmalgeschützte Meter über die Restaltmühl bis zum gut erhaltenen Brückenturm erstreckt, findet sich plötzlich in eine einzigartige Kulisse versetzt. Hätte sich der spätromantische Maler Carl Spitzweg auf einer seiner zahllosen Reisen auch ins Altmühltal verlaufen, spätestens an diesem Ort und dieser Stelle hätte er zu Staffelei, Mischpalette, Farbe und Pinseltasche gegriffen, um ein neues Landschaftsbild zu erschaffen. Bis heute attestieren Reisende dem einmaligen Motiv auf Anhieb Postkarteneignung, wenn sie nicht schon von einer Liebe auf den ersten Blick schwärmen. Das alles ist nicht verwunderlich. Schließlich sieht man nicht nur über die plankenreiche Bruck – wie Einheimische das bauliche Meisterwerk der Zimmermannskunst nennen – auf den Bruckturm mit seinem geschindelten Zeltdach, der rundbogigen Durchgang zum Marktplatz gewährt, von dem aus er sich wiederum spitzbogig zeigt. Auch ist es nicht der beschauliche Eindruck der 2000-Seelen-Gemeinde allein, die mit ihren teils historischen Häusern so überaus malerisch an dem ruhigen Wasserlauf liegt, auf dem mitunter prachtvolle Schwäne ihre stillen Bahnen ziehen. Nein, es gesellen sich auch noch schroffe Felswände hinzu, die dramatisch steil über Essing in die Höhe ragen: beeindruckende Formationen, allesamt fossile Überreste von Korallen- und Schwammriffen des Urmeers, das vor Abermillionen Jahren diese Gegend umspülte. Heute zählen sie zu den größten Felsformationen nördlich der Alpen, die Flora und Fauna einen raren Lebensraum bieten. Hier fühlen sich Uhu und Wanderfalke ebenso heimisch wie das Streifenfarngewächs Hirschzunge, das Silberblatt, auch als Judaspfennig oder Mondviole bekannt, und die in Europas Weiten seltene Pfingstnelke mit ihren rosafarbenen bis hellroten Kronblättern. In dieses Idyll taucht man an Essings alter Bruck vollends ein. Welch glückvolle Fügung.

TIPP
Gleich hinterm Brückenturm befindet sich der Marktplatz mit dem Brunnen. Er ist die Wiege Essings.

- Alte Brücke, 93343 Essing, www.marktessing.de/sehenswertes
- ÖPNV: Freizeitbus Linie 6010 (an Wochenenden und Feiertagen ab April/Mai bis Oktober), Buslinie 6022 (jeweils ab Kelheim), Haltestelle: Essing

Auf Du und Du mit T. Rex

36

Dinosaurier Park Altmühltal bei Denkendorf

Dieser Glücksort ist gerade einmal anderthalb Kilometer lang, führt auf verschlungenen Pfaden durch einen verwunschen wirkenden Wald und lässt den Besucher nicht weniger als 400 Millionen Jahre Erdgeschichte hautnah erleben. Dabei kommt es entlang des Weges zu rund 70 überaus faszinierenden Begegnungen der dritten Art, die man, egal ob jung oder alt, nicht mehr so schnell, vielleicht sogar nie mehr vergisst. Denn die lebensgroßen und lebensechten Modelle im Dinosaurier Park Altmühltal – vor den Toren der Gemeinde Denkendorf im Landkreis Eichstätt gelegen – machen mächtig Eindruck: Der 13 Meter hohe Brachiosaurus mit gewölbtem Kopf, breiter und flacher Schnauze auf sehr langem Hals ebenso wie der 13 Meter lange Tyrannosaurus Rex, der zweibeinige Fleischfresser mit massivem Schädel und langem, schwerem Schwanz. Wer diese Urzeitgiganten bislang nur vom Hörensagen oder aus „Jurassic Park" vom Sehen her kannte – hier trifft man sie und viele ihrer Artgenossen zum Greifen nah. Da hocken sie zwischen Bäumen, stehen auf einer Lichtung, lauern am Wegesrand oder spreizen in luftiger Höhe zwischen Baumwipfeln ihre mächtigen Flügel. Atemberaubend echt. Abermillionen Jahre bevölkerten sie einst Mutter Erde, die sie jedoch lange, bevor der Mensch sie betrat, wieder verlassen hatten. Umso beglückender ist es, ihnen nicht in einem Land vor unserer Zeit, sondern im Dinosaurier Park in freier Wildbahn gefahrenfrei gegenüberzustehen. So gewinnt man eine realistische Vorstellung von ihrer tatsächlichen Größe. Doch damit nicht genug: Im zugehörigen Museum warten noch drei echte Weltsensationen auf den Besucher. Neben dem „Rocky" getauften, knapp zehn Meter langen Skelett eines „jugendlichen" Tyrannosaurus Rex ist dort noch ein originales Fossil des Urvogels Archaeopteryx zu sehen. Der wohl größte und schwerste Flugsaurier, der bislang gefunden wurde, ist und bleibt der unumwundene Star der Dinoschau. Mehr braucht es nicht für einen geglückten Museumsbesuch.

TIPP

In Museen heißt es zumeist „Nicht anfassen", hier darf man einen echten Dinosaurierknochen berühren.

- Dinosaurier Park Altmühltal, Dinopark 1, 85095 Denkendorf, Tel. (0 84 66) 9 04 68 13, www.dinopark-bayern.de
- ÖPNV: Linie 9223 (ab Ingolstadt), Haltestelle Denkendorf Dinopark

Auf die lange Bank

37

Einmaliges Prachtbankerl über Obereichstätt

Das bekannte sprichwörtliche „auf die lange Bank schieben" erfährt südlich von Harthof, einem Ortsteil von Schernfeld und oberhalb vom zur Gemeinde Dollstein gehörenden Obereichstätt, nicht nur eine ganz neue positive Bedeutung. Zugleich gewinnt die Redewendung dort einen ganz praktischen gegenständlichen Bezug mit Rekordverdacht und macht dabei auch noch eine unglaublich gute Figur. Seit mehr als zehn Jahren zieht die mit stolzen 36,5 Metern Länge wohl längste Holzbank Deutschlands viele Menschen in ihren Bann. Das gigantische, an mehreren Stellen von unterlegten Natursteinen getragene Prachtbankerl ist nicht zu verfehlen. Es steht direkt am wunderschönen Altmühltal-Panoramaweg, der sich über 200 wunderbare Kilometer durch abwechslungsreiche naturnahe Landschafts- und Kulturerlebnisse entlang der Altmühl erstreckt – von Gunzenhausen nach Kelheim quer durch den Naturpark Altmühltal. Aus einem einzigen, fast 50 Meter hohen Douglasienstamm geschält, dem dicksten seiner Art, der zuvor im nahe gelegenen Schernfelder Forst stand, brachte der imposante Baum rund fünf Tonnen auf die Waage. Die Douglasie stammt aus Amerika, seit circa 130 Jahren gibt es sie auch hierzulande. Sie überragt alle anderen Nadelbäume an Größe und hat dem Klimawandel mehr entgegenzusetzen. Jeder, der die riesige Holzbank schon aus einiger Entfernung erblickt, eilt darauf zu, um das originelle Holzobjekt aus unmittelbarer Nähe zu betrachten, darauf Platz zu nehmen oder sich genussvoll darauf langzumachen. Am besten zu zweit, Rücken an Rücken, um voller Entzücken den Blick hangabwärts über die Dächer Obereichstätts und talaufwärts gen Breitenfurt schweifen zu lassen. Und wenn sich dann auch noch die Nachmittagssonne zu vorgerückter Stunde im dunklen Altmühlwasser orange-gelb flimmernd bricht, ist die Stimmung nahezu perfekt – und ein intensives Glücksempfinden garantiert.

TIPP

In der Nähe ist das Museum Bergér. Dort gibt's u.a. Flugsaurier aus dem Jurameer zu bestaunen.

- Lange Bank oberhalb von 91795 Dollnstein, ca. 400 Meter von Pfarrkiche St. Johannes (Am Kirchbuck 5) entfernt.
- ÖPNV: Regionalbus 410 (ab Eichstätt Richtung Schernfeld), Haltestelle Kinderdorf (ca. 500 Meter)

Kleines Inselglück

38 Insel Kratzmühle im Kratzmühlsee bei Kratzmühle

Inmitten des Altmühltals, auf halber Strecke zwischen Beilngries und Kinding, liegt das kleine Örtchen Kratzmühle. In den 1970er-Jahren hat es sich zu einem fidelen Ferienzentrum mit Badesee und sonnenverwöhnten Liegewiesen in idyllischer Lage gemausert. Seither hallt der gute Ruf des Ortes durch den Naturpark Altmühltal rauf und runter – und darüber hinaus. Seinen Namen verdankt das Dorf mutmaßlich dem Mönch Pankratius, der wohl im 8. Jahrhundert in der Gegend wirkte. Und eine längst stillgelegte Mühle hat auch ihren Anteil daran. Was das Herz des Erholungsuchenden auch immer begehrt, hier wird es garantiert fündig. Vom Abenteuer Golfplatz über Bolzplätze und Tischtennisplatten bis hin zum Seerestaurant in unmittelbarer Ufernähe und dem Wirtshaus samt Campingplatz nebenan – einfach alles ist vorhanden. Selbst Stand-up-Paddling-Boards, Tret- und Ruderboote stehen gegen eine geringe Gebühr zum Ausleihen bereit. Natürlich herrscht auf dem malerischen Gelände zwischen Altmühl und den aufsteigenden Hängen zum Juraberg während der Saison sehr viel Trubel. Trotzdem schlägt auch am Kratzmühlsee, den man in 30 Gehminuten locker umrundet, das Glücksbarometer positiv aus. Nur wenige Steinwürfe vom belebten Zentrum der vielen Freizeitaktivitäten entfernt und mehr dem Südufer des Badesees zugeneigt, liegt die kleine Insel Kratzmühle. Bedeckt von sattgrünen und sanft-hügeligen Wiesen, das Ufer streckenweise von Schatten spendenden Bäumen und Sträuchern gesäumt, ist das Eiland dank des dichten Blätterkleides seeseitig schwer einzusehen. Den Zugang gewährt einzig und allein eine schmale Brücke mit hölzernen Planken und metallenem Geländer. In einem nicht ganz so öffentlichen Bereich hat sich in den letzten Jahren das Nacktbaden eingebürgert. Der Adam-und-Eva-Look ist aber keine Pflicht. „Leben und leben lassen“ lautet hier die Maxime. Ein idealer Ort, an dem man tief durchatmen und seine Seele baumeln lassen kann. Umgeben von erfrischendem Wasser und wunderschöner Natur.

TIPP

Nahe der alten Mühle ist das kleine, aber feine Technikmuseum, das von April bis Oktober geöffnet hat.

- Kratzmühlsee, Am See 1, 85125 Kinding
- ÖPNV: Buslinie 9232 (ab Eichstätt), Haltestelle St 2230 Abzw. Pfraundorf

Wie Erdbeeren im Winter

39 Ingolstädter Wochenmarkt auf dem Theaterplatz

Steht man allein auf dem Vorplatz des Stadttheaters in Ingolstadt, kommt man sich fast ein wenig orientierungslos und verloren vor. Jedenfalls dann, wenn keine Vorstellungen stattfinden, vor oder nach denen die Theaterbesucher die große pflastersteinige Fläche beleben. Ganz anders mittwochs und samstags. Da strotzt der innerstädtische Raum für einige Stunden geradezu vor Trubel und Geschäftigkeit – das ist dann wie Erdbeeren im Winter, würde man es mit einem Sinnbild für den auffälligen Gegensatz ausdrücken wollen. Denn jeweils von 8 Uhr bis 12.30 Uhr geht im Herzen der Audi-City der Ingolstädter Wochenmarkt mit seinen wunderbar bunten Ständen über die Bühne. Gleich gegenüber vom Viktualienmarkt, unweit der Donau mit ihrer Uferpromenade, unter den Augen des alten Schlosses, der jetzigen Stadtbücherei. Wenn die zahlreichen Markthändler ihre Stände eröffnen und verschiedenste Waren feilbieten, ist auf dem Theatervorplatz gleich kiloweise Glück zu erwerben – und das vor allem ganz frisch. Aus allen Ecken und Enden der Stadt strömen nun die vielen Stammkunden herbei, um den Markt zu besuchen, auch Laufkundschaft lässt sich von den reichhaltigen Waren locken. Je nach Wetterlage ist mal mehr, mal weniger los. Von seiner mit Abstand schönsten Seite zeigt sich der Wochenmarkt allerdings bei gutem Wetter, wenn Sonnenstrahlen alles in ihren Farben intensiv zum Leuchten bringen: Tomaten, Gurken, Paprika, Salat und Kohl in allen Variationen, auch Kartoffeln, Zwiebeln, Sellerie sowie bündelweise Karotten. Während der Saison kommen viele Nahrungsmittel und Spezialitäten selbstverständlich von regionalen Anbietern, oft von Biobauern. Auf dem Wochenmarkt ist fast alles zu haben, was Gaumen und Herz begehren: Obst und Gemüse, Fleisch- und Wurstwaren, Fisch und Backwaren. Auch Eier, Honig, feinste Käse sowie hausgemachte Marmeladen und Säfte – unmöglich alles aufzuzählen. Die Tafel ist reich gedeckt.

● Ingolstädter Wochenmarkt, Am Theaterplatz, 85049 Ingolstadt, Mi und Sa 8–12.30 Uhr, www.wochenmarkt-ingolstadt.de

Hotel Gasthof

Symbolischer Findling

40

Bayerns Mittelpunkt in Kipfenberg

Wer nicht ganz genau aufpasst, kann diesen fast unscheinbar wirkenden Glücksort leicht verfehlen: den 1979 vom Landesvermessungsamt ermittelten geografischen Mittelpunkt Bayerns. Im Markt Kipfenberg liegt er, nur ein paar Hundert Meter östlich vom Zentrum. Vor rund 2000 Jahren war hier noch viel los: Damals verlief der römische Grenzwall Limes, mit dem sich das damalige Weltreich die Barbaren („Menschen ohne römische Kultur") vom Hals hielt, mitten durch den Ort, der 1266 erstmals urkundlich erwähnt ist. Längst nicht nur Römer, auch Kelten, Alemannen und Bajuwaren kamen zahlreich in diese Gegend. Heute hingegen hält nicht einmal mehr die Deutsche Bahn den Personen- und Gütertransport zwischen Eichstätt und Beilngries via Kipfenberg für nötig. Kurzerhand legte sie die als Altmühlbahn bekannte Linie lahm, lediglich die Bahnhofstraße zeugt noch vom einstigen Schienenverkehr. Seither ist es im Markt Kipfenberg mit seinen lieblichen Gassen und malerischen Winkeln noch ruhiger geworden, auch die Mitte des Freistaates zeigt sich völlig unspektakulär. Der errechnete Punkt liegt inmitten einer kleinen kieseligen Ausbuchtung an der schmalen Burgstraße, die das beschauliche Kipfenberg mit dem Pfarrdorf Gelbelsee verbindet. Zunächst schlängelt sich der Weg dorthin in lang gezogenen, dicht bewaldeten Serpentinen zur Burg Kipfenberg hinauf, um ihn danach mehr oder weniger schnurgerade binnen weniger Gehminuten zu erreichen. Seit 1980 markiert ein massiver Findling diesen Ort, damals mit einem feierlichen Festakt eingeweiht, vom Bayerischen Rundfunk übertragen, charmant moderiert von der Volksmusikikone Carolin Reiber. Drei Fahnen umwehen den Markstein heute – eine mit den weiß-blauen Rauten Bayerns, eine der Bayerischen Staatsforste und eine des Naturparks Altmühltal. Außerdem laden inzwischen eine Schautafel und hölzerne Sitzbänke zum stillen Verweilen ein. Lässt man sich darauf nieder, fühlt man sich wohl und inmitten Bayerns angekommen.

TIPP

Das Römer und Bajuwaren Museum in der Burg Kipfenberg informiert u.a. über das Welterbe Limes.

- Geografischer Mittelpunkt Bayerns, Burgstraße, 85110 Kipfenberg www.kipfenberg.de/geografischer_mittelpunkt_bayerns/
- ÖPNV: Buslinie RB 9223 (ab Ingolstadt), Haltestelle Kipfenberg Parkplatz

BAYERISCHE STAATSFORSTEN
Naturpark Altmühltal

Kunst im Wald

41 Holzskulpturen-Wanderwege bei Badanhausen

Der zum Markt Kinding gehörende Ortsteil Badanhausen liegt nur einen Katzensprung vom idyllischen Kratzmühlsee entfernt und kuschelt sich zu Füßen der Dulmetsleite behaglich an die westliche Altmühltalseite. Dahinter erhebt sich ein bewaldeter Hang, über den hinweg man auf einem Schotterweg nach rund drei Kilometern das Kirchdorf Haunstetten erreicht. Dazwischen wartet ein Rechtlerwald (so genannt, weil 16 Personen an ihm Rechte besitzen) mit einigen kunstvollen Überraschungen auf, die einen in dem natürlichen Ambiente besonders erfreuen: große und kleine Holzskulpturen, die sich auf beiden Seiten der Wege ausbreiten. Wie viele es genau sind, lässt sich nicht mit Bestimmtheit sagen, schließlich geben die an Ort und Stelle mit Motorsäge und Schnitzmesser gefertigten Kunstgebilde keinen einzigen Laut von sich. Außerdem erweitern laufend neue Exponate den fantasievollen Reigen. Und noch etwas anderes wirkt sich dabei aus: Beim Versuch, mit erhöhter Aufmerksamkeit auch wirklich alle zu entdecken, spielt Mutter Natur dem neugierigen Sucher einen handfesten Streich. Die meisten Figuren sind zwar gut sichtbar, weil sie dekorativ auf einem Baumstumpf thronen. Andere aber sind im Hochsommer von grünblättrigen Kraut- und Strauchschichten fast vollständig zugewachsen, als wollten sie sich vor den neugierigen Augen regelrecht verstecken. Doch ganz egal, wie viele man letztendlich sieht, sie begeistern allemal: Tiere wie Wildschwein und Hahn sind ebenso darunter wie Gnome, Wächter, ein Buddha sowie ein Ziehharmonika spielender Mann mit Hut und einem Lächeln auf den Lippen. Oder der Korpus einer wohlgeformten Frau, mystische Masken von Moai-Statuen, wie man sie von den Osterinseln kennt, und sagenhafte Gestalten, die vielen aus dem Herr-der-Ringe-Auenland und dem Star-Wars-Universum vertraut sind. Dazu gehören reich verzierte Bänke, deren Einladung man gerne annimmt, um die vielgestaltigen Skulpturen inmitten der Energie spendenden Waldesruh entspannt zu genießen.

TIPP

Am besten folgt man vom Kerntalweg dem Forstweg, der nach der Kapelle Marientrauer in den Wald eintaucht.

- Holzskulpturen Wanderwege, Kerntalweg, 85125 Kinding-Badanhausen
- ÖPNV: Buslinie 9232, Haltestelle Badanhausen

Beschwingtes Überqueren

42 Die Tatzlwurmbrücke in Essing

Wer Rauf-und-runter-Reize liebt, weil das spontane Kribbeln im Bauch lustvolle Gefühle erzeugt, ist im Markt Essing goldrichtig. Das Überqueren der 1986 gebauten Holzbrücke, die den Main-Donau-Kanal und eine Umgehungsstraße auf einer Länge von 193 Meter überspannt, hält für jeden Besucher einen wahren Cocktail von Glücksmomenten bereit. Die vollständig aus Holz bestehende und an drei Pfeilern – einem einfachen und zwei Doppelpfeilern – aufgehängte Brücke fügt sich harmonisch in die malerische Landschaft des Altmühltals, das hier durch die senkrecht in die Höhe schießenden Felswände am engsten ist. Wegen ihrer geschwungenen Form, die an ein alpenländisches Fabeltier erinnert, hört die beeindruckende Hängekonstruktion auf den Namen Tatzlwurm. In der Sagenwelt ist er so etwas wie die Miniausgabe eines Drachen bzw. Lindwurms. Bis 2006 war sie die längste Holzbrücke Europas, dann hat ihr diesen Titel der Drachenschwanz im thüringischen Ronneburg mit seinen 225 Holzmetern streitig gemacht. Während sich andere Brücken sanft zu einem Scheitelpunkt erheben, hängt diese allerdings durch. So erlebt man bei einem Gang über sie ein munteres Auf und Ab, das einen mit jedem Schritt in eine spürbare Schwingung versetzt. Wer an ihrem tiefsten Punkt verweilt und den Blick um die eigene Achse schweifen lässt, kann das Hier, das Heute und ein Stück Vergangenes gleichzeitig wahrnehmen. Auf der südlichen – Markt Essing abgewandten – Talseite, an der auch der Altmühltal Panoramaweg verläuft, erblickt man ein wenig flussaufwärts den schmalen Eintritt in den idyllischen Ludwig-Donau-Main-Kanal, der im 19. Jahrhundert als Vorgänger des Main-Donau-Kanals erbaut wurde. Und marktwärts sieht man hoch oben auf einer vorspringenden Bergkuppe die Burgruine Randeck, die zu den ältesten Burganlagen Bayerns zählt. Unterquert dann auch noch ein Schiff die Brücke, ist das Tatzlwurmbrückenerlebnis perfekt.

TIPP

Der Kunstweg „Kunst an Fels und Fluss" neben der Restaltmühl in Essing: kurzweilig und interessant.

● Holzbrücke Tatzlwurm, Eisenbrünnerl, 93343 Essing
www.marktessing.de/sehenswertes

● ÖPNV: Freizeitbus Linie 6010 (an Wochenenden und Feiertagen ab April/Mai bis Oktober), Buslinie 6022 (jeweils ab Kelheim), Haltestelle: Essing

Der Duft frischen Brotes

43

BackLiesl in Riedenburg

Wenn der Ofen in Ferienzeiten kalt bleibt, gibt es unter den treuen Freunden des Biobrotes, und das sind eine Menge, lange Gesichter. Dabei wissen die überzeugten Fans zu genau, dass die Backmaschine in der Backstube ihrer Wahl selbst im Normalbetrieb nur einmal wöchentlich auf Temperatur kommt. Denn die BackLiesl, wie sich die heimelige Bäckerei von Elisabeth Buchdrucker in Riedenburgs Prunn nennt, backt nur freitags – und zwar vorwiegend auf Bestellung. Landet eine solche bis 19 Uhr des Vorabends via E-Mail oder WhatsApp auf BackLiesls Tisch, ist man als Kunde am Folgetag auf der sicheren Seite. Zwischen 12 und 18 Uhr ist dann das Wunschbrot abholbereit. Dabei verspricht das erlesene Angebot alte Brotkunst vom Feinsten. Dieses reicht vom „Dunkelbier-Laib" über „Uriges Korn" (da steckt die Kraft des raren Emmer-Doppelkorns drin) und „Dinkelkruste" bis zum eiweißreichen „Kamutbrot". Sogar einen französischen „Liebhaber" mit wolliger Krume und knuspriger Kruste gibt's dort: Très bien! Um bei der Abholung Wartezeiten zu vermeiden, hat die Chefin („Gutes Brot braucht Zeit") auf ihrer Homepage im Produktbereich die jeweiligen Ausbackzeiten vermerkt. Betritt man die kleine, aber feine BackLiesl just in time, wird man sogleich mit einer einzigartigen Glückserfahrung beschenkt, die sich nur in dem Moment einstellt, wenn frisch gebackenes, knuspriges und wohlriechendes Brot den Sinnen schmeichelt. Dieses Erlebnis verdankt sich in erster Linie der Liebe zum Detail, die Elisabeth Buchdrucker ihrem Brot mit den eigenen Händen angedeihen lässt. Aber auch dem, was in dem Teig drinsteckt: Außer hochwertig gewonnenen, biologischen Rohstoffen aus der Region ist alles tabu! Und ein dritter, ganz wesentlicher Punkt kommt noch hinzu: Um ihre Leidenschaft als Bäckerin mit ihrer Familie zu leben, hat sie ihre Passion dem Familienleben angepasst. Der Freitag in Riedenburgs BackLiesl ist deshalb immer ein echter Glückstag.

TIPP

Auch Kleingebäck und Süßes ist in der BackLiesl zu haben: Käsebutzis, Seelen, Croissants oder Obst-Radl.

- BackLiesl, Prunner Bergstraße 19, 93339 Riedenburg, Tel. (0 94 42) 9 21 67 37
www.backliesl.bio
- ÖPNV: Buslinie 6022 (ab Riedenburg), Haltestelle Prunn Abzweig Staatsstraße

HAUSSLER

Mystische Höhle

44 Kruzerloch in Eglasmühle nahe Berching

Der an Naturdenkmälern reiche Naturpark Altmühltal hat einen ebenso bemerkenswerten wie einmaligen Ableger in der Nähe des Dörfleins Eglasmühle: Das inmitten eines naturnahen Buchenwalds gelegene Kruzerloch, im von der Bayerischen Vermessungsverwaltung herausgegebenen „BayernAtlas" auch Krügerloch genannt. Dabei handelt es sich um eine eindrucksvolle Höhle, die auf dem nur einen Kilometer kurzen Benediktusweg zwischen Berching und Plankstetten liegt, der sich hier ein Stück weit mit dem Sulztaler Wanderweg überschneidet. Man erreicht sie über die Eglasmühler Straße. Wo diese in einer rasanten Rechtskurve um die denkmalgeschützte schnuckelige Dorfkapelle biegt, wendet man sich links den Hang hinauf, um nach rund 200 Metern wiederum nach links in den Wald einzutauchen. Nach einer kurzen, leicht ansteigenden Strecke stößt man auf den Wegweiser Kruzerloch, dem man über den von Baumwurzeln gesäumten Waldpfad den Abhang des Harberges hinunter folgt. Die letzten Meter zum niedrigen Höhleneingang (Achtung: Kopf einziehen!) sind von einem hölzernen Geländer flankiert, das dem Wanderer Halt bietet und ihn vom steilen Gefälle zur Rechten abschirmt. Das als selten eingestufte Geotop von lokaler Bedeutung ist zwölf Meter breit, fünf bzw. neun Meter tief und stolze 108 Quadratmeter groß. Neben einem zweiten von außen nicht zugänglichen Eingang, der einen Blick ins grüne Waldesinnere gewährt, findet sich darin noch eine künstlich angelegte Kammer, an deren Sandsteinwänden deutlich sichtbare Werkzeugspuren zu erkennen sind, die vermutlich von einem Meißel stammen. Möglicherweise wurde hier unter der Ägide des Eichstätter Fürstbischofs Knebel von Katzenelnbogen nach Silber geschürft. Auch von einem Einsiedler, der dort zurückgezogen lebte, geht die Kunde. Wer die geheimnisvoll anmutende Höhle aufsucht, fühlt sich von einer kraftvollen Atmosphäre umhüllt, die einen spürbar berührt. Nach Verlassen der Auswitterungshöhle, schreitet man (gefühlt) leichten und heiteren Schrittes von dannen.

TIPP

Die Dorfkapelle in Eglasmühle, ein Satteldachbau mit Fassadenturm aus dem 19. Jh. ist sehenswert.

- Kruzerloch, Höhlenweg, 92334 Berching
- ÖPNV: Buslinie 515, Haltestelle Eglasmühle Ort

Grüne Oase der Stille

45

Mammutbaum im Hofgarten Eichstätt

In Eichstätt, dem Hauptort des Altmühltals, gibt es einen Glücksort im Doppelpack. Das stimmungsreiche Zweiergespann findet man seitlich der Ostenstraße, die es sich zwischen der Römerstraße, die Eichstätt Richtung Pfünz verlässt, und dem Leonrodplatz samt Schutzengelkirche, eine der frühesten Jesuitenkirchen Deutschlands, bequem gemacht hat. Genauer: im von der Straße abgewandten Rücken der ehemaligen Sommerresidenz, in der einst die Fürstbischöfe während der warmen Jahreszeit weilten. Heute ist das Schlösschen ein Baudenkmal, in dem sich die Verwaltung der Katholischen Universität Eichstätt-Ingolstadt befindet. Ebendort breitet sich der Hofgarten wie ein grüner Teppich zur Altmühl hin aus. Entstanden ab 1735 und gestaltet – ganz typisch für jene Zeit – als kleiner barocker Park mit prächtigem Brunnen, steinernen Figuren, putzigen Pavillons, Schatten spendenden Baumalleen und niedrigen, ornamental geschnittenen Hecken. Ganz geometrisch, sehr akkurat und gut sichtbar aus der Beletage. Nur 100 Jahre später verwandelte man die Anlage, der neue Zeitgeist wollte es so, kurzerhand in einen Englischen Garten: Weg mit der Strenge, her mit der „natürlichen" Landschaft, schön wie ein begehbares Landschaftsgemälde sollte nun der kleine Park sein. Ende der 70er-Jahre dann, nach dem Umbau der Residenz zur Uni, ging es dem Garten wieder an den Kragen. Seither zeigt sich der vorgelagerte Teil erneut von barocker Seite, dahinter geht es bis zum Mittelpavillon aber weiter „Englisch" zu. Trotz aller Moden ist der Hofgarten ein wunderbares Kleinod, das wie eine stille grüne Oase die Seele beglückt. Mit gemütlichen Plätzchen, zum Verweilen einladenden Bänken, Bäumen und Sträuchern unterschiedlichster Art. Darunter – Teil des Doppelpacks – ein imposanter Mammutbaum. Wie ein hellgrüner Kegel auf dickem Stamm strebt er himmelwärts. Und kann bis zu 80 Meter hoch und 3000 Jahre alt werden. Wer ihn mit bloßen Händen berührt, der fühlt unmittelbar seine natürliche Kraft.

TIPP

Am Ende des Hofgartens hinter den Pavillons die Anlage verlassen und die Altmühl entlangschlendern.

- Hofgarten Eichstätt, Ostenstraße 24, 85072 Eichstätt
- ÖPNV: Schnellbuslinie X80 (ab Ingolstadt, nur werktags), Haltestelle Eichstätt Universität

Glücksorte
auf der
ganzen Welt
Fahr hin &
werd glücklich
I ♥ NY
DROSTE

In Amsterdam Klassikstars zum Nulltarif lauschen.
In Dublin zum Iren auf Probe werden.
In der Bretagne die kleinste Schafsrasse der Welt beobachten.
In Island zwischen den Kontinenten tauchen.
Glücksorte in Amsterdam
Glücksorte in der Bretagne
Glücksorte in Dublin
Glücksorte in Island
DROSTE
IN D
UND
WE

Symbolisches Bimbam

46 Friedensglocken in Steinerskirchen

Es ist bittere Wahrheit: Im Zweiten Weltkrieg wurden über 100.000 Kirchenglocken eingeschmolzen, um daraus Kriegswaffen herzustellen. In Steinerskirchen, einem Ortsteil von Hohenwart, hat man den umgekehrten Weg beschritten und im übertragenen biblischen Sinne „Schwerter zu Pflugscharen" gemacht. Konkret aus amerikanischen, britischen und deutschen Fliegerbombenköpfen. Ein Bruder der benachbarten Herz-Jesu-Missionare, ein gelernter Kunst- und Bauschlosser zumal, formte daraus vier unterschiedlich große Klangkörper: die Friedensglocken von Steinerskirchen, im Jahre 2005 wurden sie feierlich geweiht. Seitdem hängen sie an schweren Ketten unter freiem Himmel, nur wenige Hundert Meter vom Kloster und seinem landwirtschaftlichen Gut und dem Bildungs- und Besinnungshaus Oase entfernt. Treffender: unter einem eigens angefertigten Glockenstuhl auf Augenhöhe im Freien, der gleich neben der einstigen Weg-, nunmehr Friedenskapelle steht. Egal, ob man die Friedensglocken zufällig erreicht oder bewusst anvisiert, sie lassen sich so oft man will zum Klingen bringen. Und zwar mithilfe eines Schlagwerkzeugs, von dem mehrere seitlich in einer hölzernen Ablage einsatzbereit sind, denn Klöppel haben die Glocken nicht. Die Klangfolge kann man vollkommen frei variieren, volumenreich und weithin vernehmbar ist ihr Läuten aber in jedem Fall, mitunter sogar betörend. Vor allem ein Ton fegt mit seinem Kolorit schrill und keck über die drei übrigen hinweg ganz weit nach oben, während das verbleibende Trio mit seinem sphärischen Klang die lauschenden Hörer eher erdet. Ist der Klangteppich ihres Geläuts erst einmal zwischen dem Weltlichen und Himmlischen ausgerollt, reicht er tief ins Gefühl, auch in den Bauch, und versetzt einen in eine sehr angenehme friedvolle Stimmung. Dabei endet dieser Glücksmoment nicht mit einem sekundenlangen Nachklang, sondern er hält sehr lange an. Derart positiv beschwingt, geht man dann ruhigen Schritts von dannen.

● Friedenskapelle Steinerskirchen mit Friedensglocken, Steinerskirchen, 86558 Hohenwart

● ÖPNV: Öffentlich sind die Friedensglocken schwer zu erreichen. Die nächste Bahnstation ist Baar-Ebenhausen.

Kille Wau

47 Chinesenfasching in Dietfurt

Alle Jahre wieder, und zwar am letzten Donnerstag der Faschingszeit, ist die Stadt Dietfurt an der Altmühl nicht wiederzuerkennen. Dann schlagen die närrischen Stunden des „Unsinnigen Donnerstag". An dem sind die Einwohner ganz aus dem Häuschen. Das närrische Treiben beginnt bereits Punkt zwei Uhr morgens, also mitten in der Nacht. Von 40 Weckrufern, den sogenannten „Maschkaras", werden alle Dietfurter mit anlassgemäßer Musik und lautem Getöse aus ihren unschuldigen Träumen gerissen. Damit ist der traditionsreiche Chinesenfasching eingeläutet, den landauf, landab nur die Dietfurter zelebrieren, während sich die ganze Stadt, insbesondere ihre Mitte als Faschingshochburg präsentiert. Ganz und gar – der Name ist Programm – im chinesischen Stil, der sich mit seidenen Tüchern, farbenfrohen Kostümen und goldenen Gewändern in Schale wirft. Entsprechend dem überbordenden asiatischen Flair darf man dort natürlich keinen Faschingsprinzen erwarten, vielmehr füllt in Bayrisch China ein Kaiser sein Faschingsamt aus. Seit 2021 herrscht in Dietfurt sogar zum ersten Mal in der Geschichte des Spektakels – hört, hört – ein Herrscherpaar: Kaiserin DiMucki und Kaiser DaKaRe. Darauf ein dreifaches „Kille Wau!", wie das rheinische „Alaaf!" oder „Helau!" hier heißt. Absolutes Highlight ist der imposante Maskenumzug mit allem Drum und Dran, was das Faschingsherz an Musikkapellen und Tanzgruppen begehrt. Um 13.61 Uhr startet man am Stadtplatz, auf dem später auch die Proklamation des Kaiserpaares über die Bühne geht. Danach verlagert sich das bunte Treiben über die Gaststätten der Stadt, und zwar bis in die Puppen. Zwischendurch ertönt immer wieder die Hymne: „Chinesen aus Bayern, die wollen immer feiern. Und nicht nur der Kaiser, auch andre machen mit." Das schließt ausdrücklich alle Besucher ein, ob nun mit oder ohne Faschingsgen. Am „Unsinnigen Donnerstag" ist garantiert viel Heiterkeit und Glück zugegen – Glückskekse aber nicht.

TIPP

Das Geheimnis, warum die Stadt Dietfurt „Bayrisch China" heißt, lüftet die Dauerausstellung im Rathaus.

- Chinesenfasching, Stadtplatz, 92345 Dietfurt an der Altmühl
- ÖPNV: Buslinie 6022 (ab Kelheim, Wöhrdplatz), Haltestelle Dietfurt Bahnhofsstraße

Einmaliges Naturschauspiel

48 Weltenburger Enge nahe Kelheim

Eine Schifffahrt ist immer für Überraschungen gut, weil sich darunter zumeist eine findet, die sich noch während der Tour als Glücksmoment herausstellt. Einen solchen, und zwar ganz intensiven kann man auch auf dem Flussweg zwischen Kelheim und Kloster Weltenburg hautnah erleben. Dazu schippert man mit einem Kahn der weißen Flotte gemächliche 35 Minuten donauaufwärts. Erst fährt man durch ein auf beiden Seiten von dichten Mischwaldhängen umgebenes Tal, vorbei an der Einsiedelei Klösterl zur Rechten und dem Wieserkreuz zur Linken. Das beginnt sich dann langsam, aber stetig zu verjüngen, um schließlich in eine kurvenreiche enge Schlucht zu münden. Von bis zu 80 Metern steil, ja, sogar senkrecht aus dem Wasser aufragenden massigen Kalksteinwänden gesäumt, von Nischen, Abbrüchen und Felsköpfen übersät, bevor es sich wieder weitet. Ein sagenhaftes und auch sagenumwobenes Areal. Und ein, wenn nicht das Juwel bayerischer Kulturlandschaft, bei dessen Anblick der Betrachter ehrfürchtig und demütig verstummt. Weil er die gewaltigen Wasserkräfte ahnt, die sich in Millionen von Jahren ohne Baumeisterdiplom in der Tasche beharrlich durchs Juragestein frästen und sich stoisch ihren Weg bahnten. Keine Bühne im weiten Land der Bajuwaren kann dem Besucher ein derart schönes und ergreifendes Naturschauspiel bieten wie die Weltenburger Enge. Das war vor rund 180 Jahren sogar schon König Ludwig I. von Bayern klar, weshalb er kurzerhand die Erhaltung des Donaudurchbruchs verfügte, um ihn vor etwaiger Zerstörung durch unbeherrschte Menschenhand zu bewahren. Seitdem wurde die Weltenburger Enge mit Prädikaten wie Europadiplom (1978) und Nationales Geotop (2006) buchstäblich überschüttet. Zuletzt kam Anfang 2020 noch der Beschluss der Bayerischen Staatsregierung hinzu, der das Naturspektakel zu Bayerns erstem Nationalem Naturmonument erklärte. Und das Beste daran: Man fährt mit dem Schiff einfach zurück und die Aufführung fängt wieder von vorne an.

TIPP

Die prächtige, von den Brüdern Asam im Stile des Spätbarock ausgestattete Klosterkirche ist ein Muss.

- Schiffsanlegestelle Kelheim Donau, Nähe Stadtknechtstraße 5, 93309 Kelheim
  www.schifffahrt-kelheim.de
- ÖPNV: Buslinie 6036 (ab Saal Donau), Haltestelle Kelheim Wöhrdplatz/Zentrum

Weitsichtiger Wächter

49

Burgruine Randeck oberhalb von Essing

Wer hatte als Kind nicht schon einmal die Vorstellung, ein Raubritter zu sein? Hoch zu Ross, auf einem rassigen Schimmel oder auch schwarzen Hengst, in voller Eisenmontur mit Schild und Lanze mutig auf den Gegenspieler zureitend. Auf der Burgruine Randeck kann man solcher Art Imagination bei wundervoller Aussicht ins Altmühltal leicht verfallen. In grauer mittelalterlicher Vorzeit war der im 11./12. Jahrhundert erbauten Burg Randeck der Ruf zu eigen, ein berüchtigtes Raubritternest zu sein. Heutzutage ist sie ein beliebtes Ausflugsziel inmitten der wie ein Schweizer Käse von vielen Höhlen durchlöcherten Jurakarstlandschaft. Nach einigen Besitzerwechseln ging die Burg 1996 schließlich aus der Hand des Freistaates Bayern in den Besitz des Marktes Essing. Über dem thront sie auf einem Felsvorsprung wie ein treuer Wächter.

Was sofort ins Auge fällt, ist der weithin sichtbare, im Jahr 1840 ergänzte begehbare Turm (Bergfried). Doch damit nicht genug: gegen eine kleine Gebühr (Erwachsene 2 €, Kinder 1 €) gibt es in der Saison vom 1. April bis zum 31. Oktober noch einiges mehr zu sehen: Teile der Außenmauer etwa sowie das Burgverlies, auch Kerker genannt, und der Hungerturm, in den man einst säumige Zahler schmoren ließ. Auch liebevoll gestaltete Räume mit alten Ritterrüstungen und Kunstwerken können bewundert werden. Am spektakulärsten aber ist und bleibt der einmalige Blick über die Häuser von Essing hinweg bis zu dem sich durchs Tal ziehenden Main-Donau-Kanal, über den sich die zweitlängste Holzbrücke Europas spannt. Während die dicht bewaldeten Hänge, die sich rechts und links des Wasserwegs bis zum Horizont ziehen, den aufmerksamen Betrachter mit dem Glücksgefühl schwereloser Weite beschenken. Nur der Aufstieg ist eine wenig beschwerlich, doch ist er allemal die Mühe wert.

TIPP

Nebenan bietet Gasthof Ritterschänke kulinarische Feinkost auf einer teils überdachten Terrasse.

- Burg Randeck, Randeck, 93343 Essing, Tel. (0 94 47) 92 00 92 www.naturpark-altmuehltal.de/sehenswertes
- ÖPNV: Freizeitbus Linie 6010 (an Wochenenden und Feiertagen ab April/Mai bis Oktober), Buslinie 6022 (jeweils ab Kelheim), Haltestelle: Essing

Blaues Wunder

50 Verwunschene Blautopfquelle in Essing

Sie schimmert farbig, je nach Lichteinfall zwischen smaragdgrün und blau changierend. Sobald man ihrer ansichtig wird, übt ihre verwunschen anmutende Präsenz eine körperlich fühlbare Faszination aus, die den Betrachter förmlich berührt, zutreffender: rührt, mehr noch: fesselt. Die Essinger Blautopfquelle ist ein Phänomen, ein geologisches – typisch für die Karstlandschaft des Jura. So jung und frisch sie auch sprudelt – ihre durchschnittliche Temperatur beträgt etwa acht Grad Celsius –, ruhen doch schon viele Jahrhunderte auf ihren durchlässigen Felsschultern. Gespeist wird sie aus sogenannten Dolinen in der Umgebung, durchaus einige Kilometer entfernt: trichterförmige Vertiefungen an der Erdoberfläche – mehrere Meter tief, mehrere Meter Durchmesser –, in denen Niederschläge im durchlässigen Gestein versickern, um sich unterirdisch einen Ausgang zu suchen. Wie im von Bäumen und Wiese gesäumten Essinger Blautopf, wenige Hundert Meter vom Dorfkern entfernt. Obwohl sekündlich 400 bis 500 Liter Wasser aus der Quelle austreten, gibt die Schüttung, quillt sie nicht über, den wässrigen Nachschub über einen Bach an die nahe Altmühl und Restaltmühl ab. In ihrem Wasser tummeln sich Fische, die sauberes Nass schätzen. Einst trieb auch diese Karstquelle ein Mühlrad an, doch das ist schon lange her. Heute befindet sich die Mühle auf einem bebauten Privatgrundstück und ist daher nicht länger für die Allgemeinheit aus unmittelbarer Nähe zu betrachten. Dennoch gibt es einige Sitzbänke, die wenigstens die Bewohner zum besinnlichen Verweilen einladen. Wer einen glückseligen Blautopfblick erhaschen will, nähert sich von der Straße „Am Schloßberg", von der ein schmaler beschilderter Pfad am bewaldeten Hang entlang bis auf die Höhe der Quelle heranführt. Dort liegt sie einem dann zu Füßen – einige Meter tiefer zwar, aber dennoch gut zu sehen. So gut jedenfalls, dass ihr leuchtendes Smaragdgrün und Blau manchem ein Lächeln ins Gesicht zaubert.

TIPP

Auf der Sonnenterrasse des Café Altmühl (Oberer Markt 7) schmecken die hausgemachten Kuchen richtig gut.

- Blautopfquelle, Am Schloßberg, 93343 Essing
- ÖPNV: Freizeitbus Linie 6010 (an Wochenenden und Feiertagen ab April/Mai bis Oktober), Buslinie 6022 (jeweils ab Kelheim), Haltestelle: Essing

Überragende Schönheit

51 Befreiungshalle Kelheim auf dem Michelsberg

Man kann ihr nicht entkommen. Im niederbayerischen Kelheim zieht sie alle Blicke auf sich. In ihren noblen und erhabenen Bann. Dabei macht sie auch noch eine unglaublich gute Figur. Und wie sie leuchtet, am intensivsten bei Sonnenschein, in ihrem kalksteinartigen warmtonig-hellgelben Fassadenkleid: die Befreiungshalle. Hoch oben thront sie auf dem sich steil erhebenden Michelsberg im Mündungsdreieck von Donau und der hier im Bett des Main-Donau-Kanals fließenden Altmühl 126 Meter über die angenehm-wuselige Kreisstadt. König Ludwig I. gab sie einst in Auftrag. Als Gedenkstätte für die siegreichen Schlachten gegen Napoleon in den Befreiungskriegen 1813–1815, an Frieden und europäische Verständigung gemahnend. 2013 beging die imposante Rundhalle ihr 150-Jähriges, zu dem sie sich mächtig in Schale warf und der Freistaat einige Millionen hinblätterte. Mit ihrer Monumentalität steht sie in einer Reihe mit Münchens Feldherrnhalle, Siegestor und Ruhmeshalle mit der Bavaria davor sowie der Walhalla in Regensburg. Zum Ruhme Bayerns und der deutschen Nation ließ Ludwig I. sie alle errichten, jener König, der am Ende seinen Thron wegen einer wilden Affäre mit der irischen Tänzerin Lola Montez verlor. Während er damals von der Bühne abtrat, steht die Befreiungshalle bis heute weithin sichtbar da – 45 Meter hoch, auf dreistufigem Sockel mit angedockter Freitreppe. Ringsum von 18 Pfeilern gesäumt, auf denen jeweils sechseinhalb Meter hohe Kolossalstatuen stehen. Sie verkörpern die am Befreiungskrieg beteiligten deutschen Volksgruppen, darunter Westfalen, Hannoveraner und Brandenburger. Vom freien, von einer Steinbalustrade umfriedeten Umgang genießt man einen herrlichen Blick ins Umland. Den sollte man sich nicht entgehen lassen! Aber auch die Innenansichten können beglücken: Marmor, wohin das Auge reicht – aus Siena, aus Carrara, auch der Boden, aus weißem, roten, grauen und braunen – eine Augenweide unterm reich verzierten Kuppelgewölbe, von einer Glaslaterne überdacht. Eine Pracht!

TIPP

Beim Besucherzentrum steht die Rekonstruktion einer frühkeltischen Befestigung des Michelsberges.

● Befreiungshalle, Befreiungshallestraße 3, 93309 Kelheim
www.schloesser.bayern.de/deutsch/schloss/objekte/kelheim.htm
● ÖPNV: Buslinie 6010 (ab Regensburg, Haltestelle Kelheim, Wöhrdplatz; ab Schiffsanleger Donau/Kelheim mit Ludwigsbahn (weiß-blauer Minizug): Sommersaison täglich, Nebensaison nur Samstag, Sonntag und Feiertage!

DANZIG
HERZOGENBUSCH
CUSTRIN

Wiedersehen macht Freude

52 Waldbank bei Schafhausen im Anlautertal

Wenige Meter neben dem Anlauterradlweg im gleichnamigen Nebental der Altmühl und nahe des zum Markt Kinding gehörenden Schafhausen gibt es einen Ruheplatz mit eindeutiger Glücksortpräferenz. Dabei handelt es sich um eine sanft geschwungene Waldbank – mitunter auch Hangsofa oder sogar Himmelsliege genannt – mit hölzernen Leisten und von einem metallenen Gestell getragen. Die hat sich aus gutem Grund genau hier, am leise vorbeiplätschernden Flüsschen Anlauter auf der Fränkischen Alb völlig entspannt niedergelassen. Wer ihren idyllischen Standort passiert, sei es zu Fuß oder auf dem Rad, kann sich ihrem einladenden Werben einfach nicht entziehen. Kaum hat man sie erreicht, weiß man auch schon, warum. Dort grünt es nicht nur so grün, wie es einst im berühmten Musical „My Fair Lady" erklang, dort wird man außerdem noch mit dem traumhaft schönen, ja malerischen Blick ins liebliche Anlautertal beschenkt. Jenseits des gemütlichen Gewässers mit seinen buschig bestandenen Ufern, das keine Fließgeschwindigkeit zu kennen scheint, erspäht man in einiger Entfernung die etwas außerhalb des 40-Seelen-Dorfes liegende Schafhauser Sehenswürdigkeit: die von einer Mauer umfriedete Kirche St. Martin, fast gänzlich weiß getüncht, mit nur einigen wenigen gelben Passagen. Welch eine grandiose Kulisse: Die Kirche vor einem dicht bewaldeten Hang, von saftigem Grünland eingerahmt, leuchtet wie von einem Spotlight bestrahlt. Auf diese Weise tritt ihr leicht gedrungen wirkender achteckiger Turm mit der blechernen Kuppel überm quadratischen Unterbau samt Langhaus so liebreizend hervor, dass man gleich hinüberlaufen möchte, um sie zu umarmen. Das alles ist von der Waldbank aus bequem zu erfassen. Und ohne weiteres Zutun spürt man inmitten dieser vollkommenen Ruhe, wie sich der Körper wohltuend revitalisiert. Gestärkt und voller Freude bricht man auf, wissend: Es gibt ein Wiedersehen.

TIPP

Schuhe und Strümpfe aus, um die nackten Füße ausgiebig im erfrischenden Anlauterwasser zu kühlen.

- Waldbank nahe Schafhausen, Schafhausen, 85125 Kinding
- ÖPNV: Buslinie 9224 (ab Eichstätt), Haltestelle Schafhausen Ortsmitte

Glück der Schafe

53

Schafherden im Naturpark Altmühltal

Wenn es keine Schafe gäbe, müsste man sie wohl erfinden. Denn die wolligen Vierbeiner sind Glücksbringer in Reinkultur – sowohl für den Menschen als auch für die Natur. Gängige Vorurteile, die dickfelligen Tiere seien dumm, faul und träge, laufen letztlich vollkommen in die Leere. Tatsächlich sind die meist weißen Knäuel, gelegentlich finden sich unter ihnen auch schwarze, braune und sogar gefleckte, extrem neugierig, auch gemütlich und – gottlob – ziemlich verfressen. Bei Wind und Wetter versehen sie ihren grasenden Dienst für den Küstenschutz auf den Deichen, aber auch für die Landschaftspflege im Naturpark Altmühltal. Ohne die Hüteschäferei, man muss es so deutlich sagen, würden im Naturpark die typischen, von Jurafelsen gespickten Trockenhänge samt Magerrasen und Wacholderheiden schwuppdiwupp verschwinden – und damit einige der artenreichsten Biotope Mitteleuropas. Nur dank der Beweidung durch Schafherden bleiben in der gesamten Region die kostbaren Lebensräume von Silberdistel, Enzian, Orchidee, Schwalbenschwanz und weiteren seltenen Pflanzen erhalten. Andernfalls wären sie binnen weniger Jahre auf Nimmerwiedersehen verbuscht und bald von dichten Bäumen bewachsen. Gut fünf Monate im Jahr trifft man die tierischen Rasenmäher auf den Hängen des Altmühltals und seiner Seitentäler bei der Arbeit an. Die Paarhufer fressen sich durch die Wiesen, wobei sie sich in aller Ruhe die frischesten Kräuter zuerst schmecken lassen, um sie danach gemütlich wiederzukäuen. Darüber hinaus sind Schafe und Lämmer vielseitige Produzenten, die unzählige gehaltvolle Produkte: Milch, Käse, Fleisch, Wurst, Felle und Wolle liefern. Apropos Wolle: Es muss nicht immer Merino sein, auch andere Schafrassen haben schöne Wolle von hoher Qualität. Und in speziellen Lokalen, die das grüne Label „Q“ tragen, wird das besonders aromatische Altmühltaler Lammfleisch serviert. Genussvoll schlemmend trägt man auch noch zum Erhalt der einmaligen Kulturlandschaft bei.

TIPP

Nur ausgesuchte Wirte servieren Altmühltaler Lamm: www.naturpark-altmuehltal.de/lamm/gastronomie.

● Schafherden, entlang der Trockenhänge und Wacholderheiden des Naturparks Altmühltal und seiner Seitentäler

Im Minigarten Eden

54

Aussichtspunkt in Ramsberg am Brombachsee

Runter vom Sofa, raus aus den Puschen und rein in eine Glück verheißende Schwelgerei. Die findet man auf einer bezaubernden Landzunge am Rande der Ramsberger Bucht am Südufer des Großen Brombachsees. Dort schlummert ein kleines, aber feines Ruheparadies. Mit seinem kurz geschorenen Rasen, den Schatten schenkenden Bäumen und dem mäandernden Gehweg neigt es sich so leicht und seicht zum Wasser hinunter, als wolle es die Gestade des Großen Brombachsees im Fränkischen Seenland zärtlich küssen. In sicherer Entfernung von Deutschlands größtem Binnensegelhafen liegt dieses bescheidene Kleinod, abseits vom bunten Sandstrandleben, Wilde-Welle-Reiten sowie ausgelassenen Badenixen- und Wassermännertreiben in der Freizeitanlage Ramsberger Strand. Hier am bis zu 32,5 Meter tiefen Stausee, der zusammen mit den Vorsperren Kleiner Brombachsee und Igelsbachsee den Brombachsee bildet, hat sich der Minigarten Eden wie eine gut gepolsterte Yogamatte niedergelegt. Dort können Körper und Geist entspannen, auch ohne „herabschauenden Hund" und „schiefe Ebene". Gleich neben der tonnenschweren, optisch aber federleicht wirkenden Stahlskulptur „Gekippter Halbkreis" vom Aachener Künstler Joachim Bandau. Davor breitet sich die beinahe spiegelglatte Wasserfläche aus, deren wechselndes Farbenspiel stets dem Treiben des Himmels folgt: Schieben sich bauschige Wolken vor die Sonne, trägt der See sogleich dunkle Töne, kitzeln jedoch ihre Strahlen ungehindert seinen nassen Saum, tanzen unzählige Glitzersternchen über freundlichem Blau. Und als wäre das nicht schon schön und sinnlich genug, intensiviert sich das malerische Wasserspiel noch einmal durch sein Drumherum. Entlang der Uferlinie ist der Brombachsee von Wäldern gerahmt, sodass aus dem idyllischen Landschaftsbild ein wahres Naturgemälde erwächst. Und in dem kleinen Elysium auf der Landzunge ist man Teil davon.

TIPP

Seit 2011 findet an einem Juniwochenende auf der Badehalbinsel Absberg der Seen LandMarkt statt.

- Aussichtspunkt in Ramsberg, Nähe Dorfstraße 39, 91785 Pleinfeld
- ÖPNV: Regionalbus 699 (ab Pleinsfeld bzw. Gunzenhausen), Haltestelle Ramsberg Seezentrum

Haus mit Hüter

55

Museum „Das Jurahaus" in Eichstätt

In der Eichstätter Buchtalvorstadt, kurz bevor die schmale Rot-Kreuz-Gasse auf die Anliegerstraße Buchtal trifft, fällt dem Passanten rechter Hand ein tiefer liegendes Häuschen ins Auge. An den kleinen quadratischen Fenstern sind ihm seine dicken Mauern anzusehen, die recht breite Haustür prägt ein geschwungener Bogen, in der Architektur auch Eselsrücken genannt. Während die Stirnseite sich unschwer als Fachwerk zu erkennen gibt, ist sein relativ flach gehaltenes Dach ebenso eng wie dicht mit dunkelgrauem Kalkplattenlegschiefer bedeckt. An seinen sichtbaren Außenwänden geht längst nicht alles im rechten Winkel zu. Und trotzdem ist gerade bei dem einstigen Handwerkerhaus von 1657 alles im Lot, weil es im Unterschied zu vielen modernen Nullachtfünfzehnbauten eine lebendige Seele hat. Die warme Ausstrahlung, der ausgeprägte Charakter und einnehmende Charme verführen einen buchstäblich, länger an seiner Seite zu verweilen – noch besser: einzutreten, um auch sein Innenleben neugierig zu erkunden. Wie gut, dass zur Gasse hin ein Ausleger und ein am eisernen Schutzgitter montiertes Schild dem Betrachter signalisieren: Hier ist das Jurahaus-Museum zu Hause, seit 2014, um genau zu sein. Getragen wird es vom 1984 gegründeten Jurahausverein, der sich die Erhaltung von Jurahäusern auf seine Fahnen geschrieben hat. Nicht zuletzt durch sein Engagement findet man diese kostbaren Baukunstschätze noch heute vielerorts entlang des ganzen Altmühltals. Sogar der Museumsbau selbst verdankt sein Überleben dem darin ansässigen Verein, der es 2009 von der Stadt Eichstätt als einsturzgefährdete Bauruine erwarb und mit viel Liebe zum Detail wieder auf Vordermann brachte. Die aufwendige Instandsetzung wurde in einer Dauerausstellung anschaulich dokumentiert. Auch die nunmehr 350 Jahre währende Geschichte dieses Jurahauses und seiner Bewohner wird kurzweilig und lehrreich erzählt. Zudem kann man dort regelmäßig kulturelle Veranstaltungen erleben.

TIPP

Um die Ecke in der Anliegerstraße Buchtal sind nach wenigen Metern noch weitere Jurahäuser zu sehen.

- Museum Das Jurahaus, Rot-Kreuz-Gasse 17, 85072 Eichstätt, Tel. (0 84 21) 1 90 44 05, www.jurahaus-verein.de/museum
- ÖPNV: Schnellbuslinie X80 (ab Ingolstadt, nur werktags), Haltestelle Eichstätt Universität

17
MUSEUM DAS JURAHAUS

Frankreich in Bayern

56 Latour-Denkmal in Oberhausen

Man muss nicht erst ins Land der Grande Nation reisen, um französischen Boden zu betreten. Dafür reicht schon ein kleiner Ausflug in den Landkreis Neuburg-Schrobenhausen. Wo im Frühling das Kaisergemüse Spargel regiert und sommers um die Ecke das „Grüne Gold“ an langen Hopfenstangen sieben Meter himmelwärts wächst, dort erwarb der französische Staat anno 1800 exakt 300 Quadratmeter Grund von einem Bauern – und besitzt diesen bis heute. Auf einer Anhöhe zwischen Ober- und Unterhausen liegt das Fleckchen Erde. Am Ortsausgang weisen eine EU-Flagge nebst Trikolore dem Besucher den Weg dorthin über eine sattgrüne Wiese. Und nach wenigen Gehminuten heißt es dann: Je suis en France – très bien! Seinerzeit bekamen an diesem Ort die kaiserlich-österreichischen Truppen vom Franzosenheer kräftig eins auf die Mütze. Dieser Schlacht nahe Oberhausen fiel auch der französische Grenadier Théophile Malo Corret Latour d'Auvergne zum Opfer – bis heute wird er als französischer Nationalheld verehrt. Wie das? Latour war eine schillernde Figur, ein Spross aus adeliger Familie. Statt sich nach der Französischen Revolution aus dem Staub zu machen, diente er erst freiwillig im Militär und danach der Wissenschaft. Dann meldete er sich mit über 50 Jahren, für die damalige Zeit ein alter Mann, unerwartet als einfacher Soldat zum Dienst zurück – anstelle des einzigen Sohnes seines besten Freundes. Die selbstlose Tat kam Napoleon Bonaparte zu Ohren, der Latour daraufhin den Ehrentitel „Erster Grenadier der Armee der Republik“ samt Ehrensäbel verlieh. Das Latour-Denkmal auf französischem Grund in Bayerns Oberhausen erinnert an diesen Mann mit einem massiven Sarkophag. Mittlerweile ist es ein glücklicher Ort der Völkerverständigung geworden. Auf Informationstafeln erfährt man dort in deutscher, französischer, englischer und bretonischer Sprache von dem außergewöhnlichen Lebenslauf dieses Mannes, der 1889 in der nationalen Ruhmeshalle Panthéon in Paris seinen letzten Ruheplatz fand: Vive l'Europe!

- Latour-Denkmal, Hauptstraße 45, 86697 Oberhausen
www.oberhausen-donau.de/tourismus/sehenswertes/latour-denkmal
- ÖPNV: Buslinie 60 (ab Neuburg an der Donau, nur an Schultagen), Haltestelle Oberhausen

FOREY

Kleinstädtische Schönheit

57 Flurerturm am Inneren Graben von Beilngries

Wer glaubt, man könne sein Herz nicht spontan an ein pittoreskes Städtchen verlieren, wird in Beilngries ganz schnell eines Besseren belehrt. So verspielt wirken dort die barocken Bauten mit ihren liebevoll verzierten Fassaden, so verwunschen schmiegen sich die Gässchen an der mittelalterlichen Stadtmauer entlang und so verzückend springen einem die neun noch erhaltenen Stadttürme ins Auge. So offensichtlich, dass man gar nicht anders kann, als sich auf Anhieb aufs Heftigste zu verlieben. Gegen derartige Verführungskünste kleinstädtischer Schönheit ist wirklich kein Kraut gewachsen. Ganz gleich, welchen Erkundungskurs der Besucher auch einschlägt, auf Schritt und Tritt gibt das einnehmende Beilngries eine Attraktion nach der anderen aus seinem historischen Fundus preis. Und mit jeder neuen Entdeckung schlägt das Herz höher. Wahre Purzelbäume vollführen die Gefühle, wenn man auf dem Inneren Graben plötzlich vor dem bildschönen, im 15. Jahrhundert erbauten Flurerturm steht, dessen Zeltdach eine knuffige Kugelspitze schmückt. Er ist einer von ursprünglich 15 mittelalterlichen Türmen, die sich harmonisch ins Rund der Stadtmauer fügen und die historische Altstadt in einem Ring umfrieden. Lediglich der Fachwerkaufbau des Flurerturms ist jüngeren Datums, er wurde erst nach 1823 aufgestockt. Benannt ist dieser nach seinem einstigen Bewohner, dem Fluraufseher, der eine Art Feldpolizei verkörperte. Zu seinen amtlichen Aufgaben gehörte es damals, die lokalen Bauern vor Feldfrevel, Weideverstößen und Holzdiebstahl im Stadtwald zu beschützen und Täter zu ermitteln. Fluraufseher waren übrigens noch bis in die 1950er-Jahre hinein in vielen fränkischen Gemeinden tätig. Heute kann man als Urlaubsgast im oberen Teil des Flurerturms, im Jahr 2004 liebevoll renoviert, in gemütlichem Ambiente wohnen (Kontakt: info@mevi-beilngries.de). Insbesondere für romantische Abende zu zweit ist der historische Flurerturm ideal.

TIPP

Im MEVI Café & Lounge (Hauptstraße 3, Turmwohnungsvermieter) gibt's feinen Kaffee und leckere Kuchen.

- Flurerturm, Innerer Graben 23, 92339 Beilngries
  www.beilngries.de/sehenswertes/flurerturm-3109
- ÖPNV: Buslinie 515 und 524 (ab Dietfurt), Haltestelle Beilngries Hotel Deutscher Hof

Im Dschungel

58 Auenwald in Neuburg an der Donau

Ohne Neuburg an der Donau zu nahe treten zu wollen, die neben der Altstadt mit pittoresken Gässchen viele Sehenswürdigkeiten im Angebot hat, die nicht weit entfernten zauberhaften Donau-Auen haben eine noch stärkere Anziehungskraft. Schließlich erwartet den Besucher etwa sieben Kilometer östlich der alten Residenzstadt der größte zusammenhängende Auenwald Deutschlands, ja sogar ganz Mitteleuropas. Entlang der vielen Donau-Seitenarme, einer Reihe von Bächen und Stillgewässern wird man von einer ursprünglichen Wildnis beglückt, die viele bedrohte Tierarten und Pflanzen beheimatet. Doch bevor man sich in diesen urigen Dschungel begibt, steuert man am besten zwischen 1. April und 31. Oktober das Jagdschloss Grünau an. In dem von Wiesen, Feldern und Wäldern umgebenen malerischen Anwesen der Wittelsbacher befindet sich über mehrere Räume verteilt das Auenzentrum Neuburg (Öffnungszeiten beachten!). Darin kann man sich umfassend informieren, um in Erfahrung zu bringen, was man alles auf einem der sechs beschilderten unterschiedlich langen Auenwege an Vielfalt erleben kann. Mit ein wenig Glück, Geschick und scharfem Blick, vielleicht auch einem griffbereiten Fernglas, kann man durchaus Auenwaldbewohner mit Seltenheitswert vor die Linse bekommen: im Wasser zum Beispiel metallisch glitzernde Nasen aus der Familie der Karpfen mit graublauem bis graugrünem Körper und gelblichrosa- bis violettfarbenen Flossen. Mitunter sind Laubfrösche, Molche und Biber – mindestens sein Bau oder Nagespuren – zu entdecken. Wie auch der funkelnde Eisvogel mit kobaltblau-türkisem Federkleid sowie Schwarzspechte, an ihrem feuerroten Scheitel über pechschwarzem Gefieder leicht zu erkennen. Dazu erschallt manchmal eine so klangvolle Geräuschkulisse, wie man sie sonst nur aus großen Vogelhäusern eines Tierparks kennt. Das alles und noch viel mehr ist in den Auenwäldern hautnah zu erleben. Das ist wohltuend spektakulär, ein Fest für Naturliebhaber!

● Auenwald in Neuburg an der Donau; Jagdschloss Grünau, Schloss Grünau, 86633 Neuburg an der Donau, Tel. (0 84 31) 64 75 90
www.auenzentrum-neuburg-ingolstadt.de/aueninformationszentrum.html
● ÖPNV: Stadtbus (ab Neuburger Bahnhof), Haltestelle Auenzentrum

Für Leib und Seele

59 Kloster und Schenke Weltenburg in Kelheim

Den Kosmos der Benediktinerabtei Kloster Weltenburg im gleichnamigen Kirchdorf kann man aus sehr unterschiedlichen Beweggründen betreten. Im Wesentlichen können dabei drei Glück spendende Dinge eine Rolle spielen: Da ist zunächst die unbestreitbar malerische Schönheit der Flusslandschaft am Donaudurchbruch. Sodann steht dort die wegen ihrer Schönheit und kunsthistorischen Bedeutung viel gerühmte Barockkirche, die von den Gebrüdern Asam erbaut und bewundernswert ausgestaltet wurde. In ihr findet, wer sie sucht, innige Minuten der Stille, der Besinnung oder auch der tiefen Andacht. Und drittens wird in dem altehrwürdigen Gemäuer der Bruderschaft seit über 1000 Jahren, konkret: seit 1050, ein edler Gerstensaft gebraut, weshalb sich Weltenburg auch vollkommen zu Recht mit dem eindrucksvollen Titel der ältesten Klosterbrauerei der Welt schmücken darf. Und – aufs Engste mit dem Klosterbier verwoben – die Klosterschenke mit ihrem urgemütlichen Biergarten unter mächtigen, Schatten spendenden Kastanien. Überaus freundliche Bedienung, selbstverständlich in Tracht, liest einem förmlich jeden Wunsch von den Augen ab. Im Sommer zieht er einen Haufen Leute aus Nah und Fern an, Einheimische wie Touristen. Will man darin ein Plätzchen ergattern, um sich am ebenso süffigen wie vollmundigen Weltenburger Barock Dunkel zu erfreuen, ist man sehr gut beraten, rechtzeitig online zu reservieren. Aber, auch das sollte man wissen: das gesellige Biergartenvergnügen inmitten der barocken Klosteranlage endet allabendlich bereits um 19 Uhr. Allerdings nicht mit einem Zapfenstreich, sondern mit dem Ablegen des letzten Schiffs, um zurück nach Kelheim zu schippern. Tatsächlich ist das Quartett aus Kloster, Kirche, Schenke und Donaudurchbruch nicht nur eines der schönsten Ausflugsziele der Region, zumeist entlässt es einen im Sinne des leicht abgewandelten Psalms 107, Vers 9: „Denn er hat gesättigt die lechzende Seele, und die hungernde Kehle hat er gefüllt mit Gutem."

TIPP
Im Klosterladen findet man ein üppiges Angebot an Büchern, religiöser Kunst und sonstigen Andenken.

- Kloster Weltenburg, Asamstraße 32, 93309 Kelheim
  www.kloster-weltenburg.de
- ÖPNV: Ab Schiffsanlegestelle Kelheim mit einem Schiff. Oder: Linie VLK 5 und 10 (ab Kelheim), Haltestelle Pater-Josef-Str./Abzw. Frauenbergstraße

Schöner wohnen

60 Alter Wasserturm von Schernfeld

Wenn die herbstliche Morgensonne den Himmel über der Gemeinde Schernfeld, sechs Kilometer nordwestlich von Eichstätt, in ein leuchtendes Orange tüncht, der Frühnebel sich wie ein samtenes Tuch über die Hochfläche der Frankenalb legt, wähnt man sich fast in einem der stimmungsvollen Landschaftsgemälde von Caspar David Friedrich. Der Wasserturm am Ortseingang mit dem runden Zeltdach auf seinem dicken Speicherkopf mutet wie ein 35 Meter hohes Eis am Stiel vor romantischer Kulisse an. Da könnte vielleicht der dringliche Wunsch aufkommen, den alten Wasserturm als neues Traumhaus zu beziehen. Tatsächlich wechselte der 1909 erbaute und 1977 stillgelegte Turm, der die Umgebung bis dahin mit dem lebensnotwendigen Nass versorgte, nur ein Jahr später von der öffentlichen in die private Hand. Und der eigentlich funktionale Bau mutierte zum Wohngebäude, das es nach diversen Erweiterungen bis heute ist. Seither legt sich ein eingeschossiger Anbau ebenerdig und schneckenhausgleich um den blechummantelten Turmfuß, in dem sich der Wohnbereich kreisrund und wendeltreppig bis unter die Dachhaube schraubt. Wie einmalig und ungewöhnlich schön muss es sein, in solch einem Gehäuse zu leben: Wie in einem windumtosten Leuchtturm, der die Bewohner mit einem einmaligen 360-Grad-Rundblick ins Umland so glücklich beschenkt. Von knäueligen Wolken umgarnt, welche die Turmspitze passieren – mal pfeilschnell im straffen Formationsflug, mal als verspielt-tänzelnde oder als beschaulich dahinziehende Wattebäusche. Da beschleicht den aus Richtung Eichstätt kommenden und sich über die Harthofer Straße nähernden Flaneur schon mal ein Gefühl von Neid. Allerdings schlägt es nicht in Missgunst um, die dem Besitzer das Schöner-Wohnen nicht gönnt, vielmehr teilt er die Freude über dessen Lebensglück.

TIPP

Im Ortsteil Rupertsbuch steht ein baugleicher Turm: als Wohnsitz, Kunst- und Kreativzentrum genutzt.

- Alter Wasserturm, Harthofer Straße, 85132 Schernfeld
- ÖPNV: Buslinie 410 (ab Eichstätt), Haltestelle Eichstätterstraße Schernfeld

Glück auf Schienen

61 Lokalbahnlokomotive in Ingolstadt

„Wenn keine Eisenbahnen gebaut werden, wie wollen wir zur rechten Zeit in den Himmel kommen?“ Diese Frage, die der amerikanische Schriftsteller und Philosoph Henry David Thoreau vor über 150 Jahren in seinem Buch „Walden oder Leben in den Wäldern“ stellte, schießt natürlich übers Ziel hinaus. Dass die Eisenbahnen allerdings bei der Erschließung der ländlichen Gegenden Bayerns unverzichtbare Dienste geleistet haben, steht außer Frage. Das ist keine schwärmerische Eisenbahnromantik, sondern eine historische Tatsache. Eine 39 Tonnen schwere Veteranin, die letzte erhaltene ihrer Art, die im Altmühltal bis 1960 im Personen- und Warenverkehr ihren Dienst versah, kann man in Ingolstadt als Museumslok ausgiebig bestaunen. Seit den 70er-Jahren steht sie – mit einer kurzen Unterbrechung von Mai bis August 2013 – an der Westseite des Bahnhofsvorplatzes in ihren genormten roten und schwarzen Eisenbahnfarben: die Lok 98 507. Zwar sieht man dem ehrwürdigen Dampfross, 1903 in der Fabrik Krauss & Comp in München gebaut, die Spuren seines Alters an. Auf einer Informationstafel kann man erfahren, dass sie ganze 1,5 Millionen Streckenkilometer mit dem typisch hämmernden „Dadamm-dadamm“ auf den Schienen der Region zurückgelegt hat. Unermüdlich pendelte die von den Einheimischen liebevoll „Freystädter Bockerl“ gerufene 98 507 bis zum Schluss dampfend und pfeifend zwischen Greißelbach und Freystadt, eine Nebenstrecke der schon längst stillgelegten und entfernten Sulztalbahn, die seit 1888 zunächst die Städte Neumarkt in der Oberpfalz mit Beilngries an der Altmühl und später mit Dietfurt verband. Über die trieb man auch viel Handel und erhielt Nachrichten aus der fernen königlichen Haupt- und Residenzstadt München. Von solchen Geschichten erzählt die ausgestellte Lok-Veteranin in Ingolstadt. Dafür hätte sie es tatsächlich verdient, in den Himmel zu kommen.

- Lokalbahnlokomotive, Bahnhofstraße 1C, 85051 Ingolstadt
- ÖPNV: Buslinie 10, 11, 16, 18, Haltestelle Hauptbahnhof Ingolstadt

98 507
98 507

Wahrzeichen mit Vibrato

62 Stadtpfarrkirche St. Walburga in Beilngries

Noch bevor man seinen Fuß auf den Boden der Stadt Beilngries setzt, begrüßt einen das Wahrzeichen des staatlich anerkannten Kurorts in der Altmühl-Jura-Region: die Stadtpfarrkirche St. Walburga. Schon von Weitem ist ihr mächtiges, rot leuchtendes Kirchendach mit den beiden achteckigen, spitzbehelmten Türmen zu sehen. Nun wäre das nicht weiter bemerkenswert – schließlich beheimaten auch andere Städte überragende Bauten –, gäbe es da nicht noch diese bezaubernden grünen Biberschwanz-Ziegelkleider mit den verschiedenen gelben und schwarzen Mustern, welche die Turmdächer bedecken. Imposante 52 Meter hoch strecken sich die schmucken Doppeltürme dem weiß-blauen Himmel entgegen. Dabei tragen sie sage und schreibe acht gewichtige Glocken in ihren arkadengesäumten Bäuchen: Die drei im Südturm sind jüngeren Datums, sie wurden 1958 in Heidelberg gegossen, bei den anderen im Nordturm handelt es sich um historische Exemplare. Die Ave-Maria-Glocke, die älteste unter ihnen, stammt bereits aus dem Jahr 1451. Wenn die sich, was sie regelmäßig tun, zum nahezu gemeinsamen Zwölfuhrläuten aufschwingen, dann bringen sie nicht nur das mittelalterlich-malerische Zentrum von Beilngries zum Beben. Als Augen- und Ohrenzeuge vernimmt man dann einen fulminanten Klang, der einem mit spürbarem Vibrato in den Magen fährt, während selbst der gepflasterte Vorplatz zu Füßen St. Walburgas erzittert, ein Erlebnis, das beseelt und verzückt und das man nicht so schnell vergisst. Doch nicht nur die Türme verbreiten einen bezwingenden Charme, auch das Innenleben des Kirchenbaus ist beeindruckend: Der weite, helle und geradezu schnörkellose Tonnengewölberaum mutet so leicht an, als würde er mit dem Besucher gleich abheben wollen, um den beiden Türmen gen Firmament zu folgen.

TIPP

Um die Ecke ist das tolle „Haus des Gastes", im 15. Jh. als fürstbischöflicher Getreidespeicher gebaut.

● St. Walburga, Hauptstraße 29, 92339 Beilngries
www.beilngries.de/sehenswertes/stadtpfarrkirche_st_walburga-68
● ÖPNV: Buslinie 515 und 524 (ab Dietfurt), Haltestelle Beilngries Hotel Deutscher Hof

Pizza Express

Wasser und Wunder

63 Europäische Wasserscheide nahe Treuchtlingen

Gut informierte Menschen können einem das Phänomen leicht erklären, trotzdem bleibt sie ein Wunder: die europäische Hauptwasserscheide, die auch unweit der Fossa Carolina (Karlsgraben) am Rande des Ortskerns vom Kirchdorf Graben ihre Schnittkante zieht. Salopp gesprochen markiert die Wasserscheidelinie den Grenzverlauf zwischen den Einzugsgebieten von zwei benachbarten Flusssystemen, die völlig losgelöst voneinander jegliches Fließwasser – sei es ober- oder unterirdisch, aus Quellen, Bächen, Flüssen, Strömen und vom niederschlagenden Regen – in sich sammeln und weiterführen. Im Grunde ist dieser das Wasser scheidende Limes ein waschechter Europäer, denn er durchquert den gesamten Kontinent von Südspanien bis tief in die russischen Weiten. Nördlich der Wasserscheide fließt das Wasser bis in den Atlantik und seine Nebenmeere, südlich davon bewegen sich die Fluten, um am Ende im Mittelmeer, im Schwarzen und Kaspischen Meer zu münden. Hier nahe Graben und direkt am Altmühltal-Radweg, auf halber Strecke zwischen Weißenburg und Treuchtlingen, tritt einem die südlichste Stelle der europäischen Hauptwasserscheide ganz bescheiden und als schlichter Pumpbrunnen getarnt entgegen. Dessen Schwengel in der Hand kann man nun nach Lust und Laune ein wenig Herrgott spielen – und mit schöpfender Kraft das Wasser teilen. Denn: Der heraufgepumpte Flüssigstoff läuft zu gleichen Teilen in zwei Rinnsalen ab: Eins fließt nach links und damit gen Süden und landet nach Wochen rund 2600 Kilometer weiter im Schwarzen Meer. Das andere schlägt die entgegengesetzte Richtung ein und begibt sich auf eine 1000-Kilometer-Reise, die als Bächlein beginnend via Schwäbische Rezat, Rednitz, Regnitz, Main und Rhein zuletzt als Strom bis zur Nordsee führt. Wer den Brunnen nahe Graben einmal in Bewegung setzt und dem Wasserfluss gedanklich folgt, wird das Flusswunder nie mehr vergessen.

- Europäische Wasserscheide, Karlsgrabenstraße, 91757 Treuchtlingen
- ÖPNV: RB 16 (ab Eichstätt), Haltestelle Treuchtlingen (ca. 5 km)

Baden gehen!

64 Seezentrum Wald Altmühlsee in Gunzenhausen

Wer aus heiterem Himmel die unbändige Lust verspürt, mit seinem, seiner oder seinen Süßen bei sommerlichen Temperaturen baden zu gehen, der ist am Altmühlsee goldrichtig. Gleich fünf Freizeitanlagen, über den von einem Ringdamm gerahmten See verteilt, stehen dafür bereit. Doch nicht nur Wasserfrösche, Meerjungfrauen, Sirenen und Nixen kommen dort auf ihre Kosten, auch für Wassersportler verschiedener Gattungen und Klassen ist die Angebotspalette erfreulich breit. Zum Beispiel im Seezentrum Wald, das den Jubel-Trubel-Heiterkeits-Zirkus nahezu auf die Spitze treibt. Natürlich gehört dazu vor allem ein ordentlicher Badestrand mit feinkörnigem Sand und großzügigen Liegewiesen, auf denen Laubbäume bei Bedarf willkommene Schatten spenden. Auch ein Beachvolleyball-Platz, ein Fahrrad-, Rikscha- und Segwayverleih sind vorhanden, sogar eine Segelschule und Sliprampe. Selbstverständlich gibt es dort Segelboote, Katamarane und Jollen ebenso zu mieten wie Kajaks und Stand-up-Paddle-Boards. Ein Campingplatz und ein generationsübergreifender Erlebnisspielplatz runden den Rundum-Service ab, durch den bereits erwähnten Damm vom Uferbereich sicht- und hörbar getrennt. Kurzum, für eingefleischte Wasserratten ist das Seezentrum Wald das reinste Paradies, in dem der Traum vom nassen Spaß alles kennt – nur kein Maß. Und überfällt einen nach ausgiebigem Geplansche und Geschipper eine gehörige Portion Appetit, erwartet das Strandcafé Wald mit seiner einladenden Seeterrasse kleine und große Hungermäuler. Wer es hingegen lieber etwas ruhiger mag, muss ja nicht am Altmühlsee ins kalte Wasser springen. Chillige Zonen, in denen man seine Seele ungestört baumeln lassen kann, finden sich abseits des Aktivitätengewusels. Nicht zuletzt auf der lagunenförmigen Vogelinsel, ein Schutzareal mit Lehrpfad und Aussichtsturm, herrscht friedvolle Stille.

TIPP

Von Bord der MS Altmühlsee, die alle Freizeitzentren anläuft, hat man den besten Blick auf den See.

● Seezentrum Wald, 91710 Gunzenhausen
www.altmuehlsee.de/seezentrum-wald.html
● ÖPNV: Buslinie 689 Gunzenhausen, Haltestelle Seezentrum Wald

Ein feste Burg

65

Wehrkirche Mariä Geburt in Kinding

Vor allem wegen ihrer dicken Mauern und den vielen Türmen wirkt die spätmittelalterliche Wehrkirche Mariä Geburt in Kinding außergewöhnlich. Und das nicht nur auf den ersten Blick, auch der zweite und dritte bewerten sie nicht anders. Spontan kommen einem dabei, obgleich sie durch und durch katholisch ist, die Zeilen des berühmten Kirchenlieds von Martin Luther in den Sinn: „Ein feste Burg ist unser Gott, ein gute Wehr und Waffen. Er hilft uns frei aus aller Not, die uns jetzt hat betroffen.“ Treffender kann man die imposante Erscheinung der größten Kirchenburg im Bistum Eichstätt nicht in Worte fassen. Tatsächlich erinnert sie eher an eine Festung als an ein einladendes Gotteshaus. Der bayerische Lehnsherr von Kinding, Ulrich I. Schenk von Geyern, soll sie 1310 aus dem Bauschutt seiner abgerissenen Burg errichtet haben, heute würde man recycelt sagen. Zumindest das Langhaus datiert vor 1357, alles Weitere baute man danach aus und an: im 14. Jahrhundert die teilweise mit Wehrgängen und mit drei Wehrtürmen befestigten Mauern, um 1500 die Ölbergkapelle, im 16./17. Jahrhundert das Turmobergeschoss und so weiter. Das bedeutete für die ländliche Bevölkerung damals ein großes Glück. In jener unruhigen Zeit bot ihr die verteidigungsfähige Wehrkirche – bis heute sind die Schießscharten im Turm gut sichtbar – realen Schutz vor marodierenden Landsknechten, die häufig raubend und plündernd über friedliche Siedlungen herfielen. In sie zogen sich die wehrlosen Bauern flugs zurück und nahmen alles Vieh sowie ihr bescheidenes Hab und Gut mit. Bis heute geht von der Wehrkirche ein intensives Gefühl von Sicherheit aus, das man in sich aufkeimen spürt, sobald man auf ihren Innenhof durchs massive Eingangstor tritt. Mehr noch: Es kommt einem mitunter so vor, als ließe man alle bedrückenden Alltagssorgen vor den umlaufenden Mauern zurück. Mit Luthers Worten: „Und wenn die Welt voll Teufel wär, und wollt uns gar verschlingen, so fürchten wir uns nicht so sehr, es soll uns doch gelingen.“

TIPP

In der Kirche sehenswert: barocke Seitenaltäre, Rokoko-Hochaltar und Deckengemälde von 1792.

- Wehrkirche Mariä Geburt, An der Wehrkirche 6, 85125 Kinding
- ÖPNV: Buslinie 9232 (Eichstätt–Beilngries), Haltestelle Kinding Marktplatz

Futter für die Seele

66

Gastwirtschaft 13. Apostel in Solnhofen

Die beseelende Felsformation Zwölf Apostel nahe Solnhofen ist eine der landschaftlichen Höhepunkte im Altmühltal. Die Nachricht davon hat sich längst herumgesprochen, selbst unter Heimaturlaubern ist sie weithin bekannt. Das hat einen überzeugenden Grund: Wer die Zwölf Apostel sieht, wird nicht müde, sie zu betrachten. Bei jedem Besuch begeistert das Dolomitgestein erneut. Dass es aber in unmittelbarer Nachbarschaft sogar noch einen 13. Apostel gibt, ist tatsächlich den wenigsten bekannt. Dabei verspricht die Einkehr in dem pittoresken Gasthaus einen mindestens ebenso seelenvollen Aufenthalt. Allein das Gebäude, ein altes Jurahaus, spricht einen mit seiner pastellgelben Fassade und den lindgrünen Fensterläden so freundlich und charmant an, dass man auf Anhieb ein warmes Wohlgefühl verspürt und dort gerne verweilt. Dabei sieht man ihm seine rund 250 Jahre währende Geschichte weiß Gott nicht mehr an, die 1774 als „Schenkwirtschaft Glöckel-Näpflein" in Esslingen begann. Bis 1974 wurde das Lokal durchgehend bewirtschaftet, auch eine Branntweinbrennerei gehörte einstmals dazu, dann stand es lange leer und drohte zu verfallen. Schließlich nahmen Marion und Albert Lippenberger im Jahre 2004 das Heft in die Hand, sanierten das historische Gemäuer von Grund auf und mit viel Liebe zum Detail. Nach drei Jahren war der aufwendige Umbau vollendet, seitdem erstrahlt das historische Kleinod in neuem Glanz. Wie Phönix aus der Asche stieg der 13. Apostel empor, um als kleines Gasthaus und Café mit einem Biergarten gleich nebenan aufzuwarten. Man sitzt gut in der Wirtsstube – alles ist reich ausstaffiert, einige Möbel tragen bunt-blumige Bauernmalerei. Die wohltuend kleine Speisekarte enthält regionale Schmankerl sowie leckeren hausgebackenen Kuchen. Und das alles in perfekter Lage: Wanderer passieren das Lokal direkt auf dem Altmühltal-Panoramaweg, Biker nur einen Steinwurf entfernt auf dem Altmühltal-Radweg. Ach ja, einen Bootsanleger für Kanuten gibt's dort auch.

TIPP

Über die Brücke und rechtsherum ans Ufer der Altmühl gehen, hinsetzen und die Füße im Wasser baden.

- Gasthaus 13. Apostel, Eßlingen 1, 91807 Solnhofen, Tel.: (09145) 83 67 60 www.dreizehnter-apostel.de
- ÖPNV: Buslinie 698.2 (ab Pappenheim-Bieswang Dorfplatz), Haltestelle Eßlingen

13. Apostel

Sagenhaftes Geschoss

67

Teufelsstein in Ingolstadt

„Am Wege warten Glück und Leid, weiß nicht in welchem Maße, weiß nicht wie steil, weiß nicht wie breit, weiß nicht wie lang die Straße." Der Verfasser dieser Zeilen ist zwar unbekannt, aber ein Ingolstädter Einwohner war er gewiss nicht. Sonst hätte er zweifellos gewusst, dass man an einer ganz bestimmten Stelle inmitten der zauberhaften historischen Altstadt seine Füße ganz besonders im Griff haben muss. Denn nur ein kleiner unbedachter Schritt an der Ecke Theresienstraße/Am Stein entscheidet nach einer bis heute lebendigen Sage, deren Ursprung bis ins Spätmittelalter reicht, über Wohl und Wehe des Wanderers. Wer also die exakte Position kennt und sie dauerhaft meidet, wird mit Glück beschenkt, andernfalls muss er Pech erleiden. Das ist der Sachverhalt, wie man ihn sich in der Stadt bis heute erzählt: Beim Bau des großen Liebfrauenmünsters – das unbedingt besucht haben muss, wer in Ingolstadt verweilt – herrschte ein solch gewaltiger Lärm, dass sich der Teufel erst gestört und dann genervt fühlte, um schließlich diabolisch zu erzürnen. In seiner unbändigen Wut stahl er sodann in finsterer Ingolstädter Nacht einen gewaltigen Stein von der Baustelle und schleuderte ihn mit voller Wucht aus höchsten Höhen auf den entstehenden Sakralbau hernieder, um ihn ein für alle Mal zu zerstören. Zum Glück verfehlte das tonnenschwere Geschoss sein Ziel und krachte auf den in einiger Entfernung liegenden Friedhof. Andere Quellen behaupten, ein Engel habe seine Flügel dabei im Spiel gehabt und unter Aufbietung himmlischer Kräfte die steinerne Munition abgelenkt. Jedenfalls landete der Koloss auf dem Friedhof, wo er sehr viele Jahre liegen blieb, bis todesmutige Soldaten ihn zum gegenwärtigen Liegeplatz karrten. Von dort aus hat es der sagenumwobene Teufelsstein, wie man den gewichtigen Quader auch nennt, weit gebracht. Durch alle Irrungen und Wirrungen der Zeitläufte hat er es bis zum Wahrzeichen der Stadt Ingolstadt geschafft. Trotzdem gilt: Augen auf! Fuß weg! Glückauf!

TIPP

Nomen est omen: Erst sich im „Hans im Glück" (Burgergrill&Bar) stärken, dann zum Teufelsstein gehen.

- Teufelsstein, Ecke Theresienstraße/Am Stein, 85049 Ingolstadt
- ÖPNV: Buslinie 10, Haltestelle Rathausplatz/Schutterstraße

Streichelbad für die Sinne

68 Reduit Tilly und Klenzepark in Ingolstadt

Wer in Ingolstadt an der Donau auf Erkundungstour durch die historische Altstadt geht, stößt auf viele beeindruckende Zeugen ihrer bedeutsamen Geschichte: auf das Neue Schloss etwa oder die Asamkirche sowie das erhabene gotische Münster „Zur Schönen Unserer Lieben Frau", kurz: Liebfrauenmünster genannt. An ihnen lässt sich der Entdeckungshunger aufs Erste vortrefflich stillen. Doch sind in der heutigen Großstadt, die man im 19. Jahrhundert zur opulenten Landesfestung aufgerüstet hat, noch eine ganze Reihe anderer Sehenswürdigkeiten zu entdecken. Wohin man sich auch orientiert, an den Stadtbild prägenden Festungsbauten führt kein Weg vorbei. So kann der interessierte Besucher am Südufer der Donau, der Altstadt gegenüber, das zweigeschossige Reduit Tilly bewundern, das wie zu seiner Begrüßung einen halbkreisförmigen Bogen schlägt. Auch dies ist ein weiterer Festungsbau, der zum Schutz des Brückenkopfs diente und im schlimmsten Fall der Fälle für die Königsfamilie als Zufluchtsort vorgesehen war. Heute ist in ihm eine Abteilung des Bayerischen Armeemuseums untergebracht. Gleich dahinter breitet sich in verschiedene Richtungen der mehrfach prämierte Klenzepark aus, über den schmalen Donausteg mit der Altstadt verbunden. Eine grüne Oase mit weiten und offenen Flächen, die 1992 das Herz der Landesgartenschau war. Dort kann man nach Lust und Laune flanieren und sich in einigen Glücksorten tatsächlich verlieren: Hier trifft der Besucher auf das Pflanzenlabyrinth, ein Symbol des Lebens, das nach vielen Windungen am Ende doch ans Ziel führt. Oder er landet im Garten der Sinne, der sich übers Jahr mehrmals verwandelt – mal ist er leuchtend bunt von floralen Düften umweht, mal trägt er irdene Töne von Herbstgerüchen begleitet. Ein Stück weiter empfängt eine Brunnenskulptur, aus ihren drei Findlingen plätschern beruhigende Wasserstrahlen hervor. Und der sonnenverwöhnte Rosengarten, der windgeschützt an der ziegelroten Infanteriemauer blüht, wirkt wie ein Streichelbad für die Sinne.

TIPP

Am Ufer in der Sommerlocation Donaustrand lässt sich der Cocktail im Liegestuhl besonders gut genießen.

● Klenzepark, 85049 Ingolstadt

● ÖPNV: Buslinie 10, Haltestelle Stadttheater Ingolstadt (via Donausteg in den Park)

Wie im Kino

69

Aussichtspunkt „Schwammerl" über Riedenburg

Manchmal braucht es zum Glücklichsein wirklich nicht viel, oft reicht dafür ein außergewöhnlicher Aussichtspunkt, der dem Betrachter weite Blicke in eine beeindruckende Landschaftskulisse erlaubt. Ein geradezu mustergültiges Plätzchen dieser Kategorie ist das sogenannte „Schwammerl", das sich allein auf weiter Flur auf der sonnigen Jura-Hochfläche am Dieterzhofener Berg über Riedenburg präsentiert. Dabei erinnert seine Pilzgestalt durchaus an seine natürlichen Artgenossen, wenngleich er sie deutlich an Größe und Farbenfreude überragt: Sein Stiel ist knallgrün, der Hut feuerrot und mit weißen Tupfen übersät. Zudem schützt ihn eine umlaufende Sitzbank wie ein knuffiger Bauch und er beschirmt seine Besucher bei jeder Wetterlage. Von dort aus genießt man einen herrlichen Panoramablick über die Altmühl, die sich hier im Bett des Main-Donau-Kanals bewegt, und über die Stadt Riedenburg und ihre umliegende Landschaft. Wie bei einer Kamerafahrt, die ganz langsam von der linken zur rechten Seite schwenkt, fällt eine Sehenswürdigkeit nach der anderen ins staunende Auge: Da rückt zunächst der idyllische Stadtweiher ins malerische Bild, der das Flüsschen Schambach über eine Felsentreppe samt Wasserfall mit dem Kanal verbindet. Dahinter winkt das reizende Schambachtal freundlich hinüber. Sodann folgt unübersehbar das auf einem Bergrücken über der Stadt erbaute Schloss Rosenburg, das wohl aus der zweiten Hälfte des 12. Jahrhunderts stammt. Heute befindet sich dort unter anderem ein Jagdfalkenhof. Halb links unterhalb der Burg erkennt man die Ruine Rabenstein, weiter rechts die Ruine Tachenstein. Und im Herzen der Stadt reckt sich die Pfarrkirche St. Johannes in die Höhe, ein kleines, aber feines Schmuckstück aus dem Spätbarock. Ach ja, den Schiffsanleger nicht zu vergessen, nur ein Katzensprung vom Marktplatz entfernt. Das alles und noch viel mehr sieht man vom „Schwammerl" aus. Großes Kino wird da geboten!

TIPP

Über die Stadtbrücke zum Trimm-dich-Pfad an der KEH 13, von dem Hang hinauf zum Schwammerl.

- Schwammerl Riedenburg, KEH13, 93339 Riedenburg
- ÖPNV: Buslinie 6022 (ab Kelheim), Haltestelle Riedenburg Großparkplatz/Zentrum

Barock rockt

70 Asamkirche Maria de Victoria in Ingolstadt

Wer suchet, der findet! Denn etwas versteckt liegt die überaus berühmte Asamkirche Maria de Victoria in Ingolstadts historischer Altstadt schon – zumindest für Ortsfremde. Wenn man sich ihr von der schmalen Konviktstraße aus nähert, die in die Neubaustraße übergeht, in der sie sich auf der linken Seite befindet, sitzt man zunächst einer optischen Täuschung auf. Zunächst meint man, das Juwel barocker Baukunst steche nur ein wenig aus der ansonsten geschlossenen Front einer langen Häuserzeile hervor. Doch bei näherer Betrachtung zeigt sich, dass die Asamkirche freisteht. Überhaupt tritt sie einem ohne übertriebenen äußerlichen Pomp entgegen: Kein Eindruck schindender Vorplatz liegt ihr zu Füßen, keine monolithisch hochragenden Türme künden von ihrer Existenz. Gleichwohl stellt ihre verspielt wirkende Rokokofassade eine überaus anmutige Augenweide dar. Dieser Eindruck wird noch verstärkt, wenn man den zwischen 1732 und 1736 als Oratorium der marianischen Studentenkongregation erbauten barocken Saalbau betritt – nach Entrichtung einer kleinen Gebühr. Drinnen entfaltet sich ihre prunkvolle Pracht mit einer unglaublich emotionalen Kraft, die einen bis in die letzten Haarspitzen erfasst und staunend verstummen lässt. Selbst wer sich gar nicht für Kunst interessiert – sei es sakrale oder profane –, ist von dem phänomenalen Deckenfresko von Cosmas Damian Asam tief beeindruckt: Seine strahlende Schönheit ist unfassbare 520 Quadratmeter groß (man spricht sogar von dem größten Fresko der Welt) und thematisiert die Menschwerdung Christi und die alle Erdteile umspannende Liebe Gottes unter Mitwirkung der Gottesmutter Maria. Man wird nicht müde, dieses Meisterwerk auf sich wirken zu lassen. Egal, wie man sich auch dreht und wendet, wohin man sich in dem Raum begibt, um es von anderer Warte aus in Augenschein zu nehmen, immer wieder ergeben sich neue Perspektiven, lässt sich Neues entdecken. Sicher ist: Wer die Asamkirche wieder verlässt, trägt etwas von dem Fresko in sich.

TIPP

In der Asamkirche gibt es einen weiteren Schatz zu bewundern: die wertvollste Monstranz der Welt.

● Asamkirche Maria de Victoria, Neubaustraße 1 1/2, 85049 Ingolstadt
● ÖPNV: Buslinie 10, 11 und 16, Haltestelle Harderstraße

Echter Hingucker

71 Marktplatz von Weißenburg in Bayern

Ganz gleich, aus welcher Richtung man kommt, an ihm führt einfach kein Weg vorbei: am rechteckigen Marktplatz von Weißenburg. Wie die gesamte Altstadt des Ortes ist auch er denkmalgeschützt. Sein mittelalterliches Flair umgarnt noch jeden Flaneur und verstrickt ihn mit seiner anmutigen Schönheit in unbeschwertes Verweilen. Wie ein wohlklingendes Gedicht, das in rhythmischen Versen Gefühle und Gedanken in Bilder fasst, verzaubert er den Betrachter. Betört ihn mit den ihn umgebenden malerischen Fachwerk- und Bürgerhäusern aus dem 14. bis 19. Jahrhundert, die Wand an Wand nebeneinanderstehen. Alle sind von abwechslungsreichen Dächern behütet – mal mit geschweiftem Giebel, mal mit gleichschenkligem Sattel, dann wieder mit gewalmter Mansarde. Am besten lässt man sich im Außenbereich eines der anliegenden Cafés oder Lokale nieder, um Fassade für Fassade – überaus reich an Farben, von Braun über Beige und Ocker bis zu Grün und Rot ist alles dabei – sehr langsam und genüsslich mit den eigenen Augen zu scannen. Allen voran das zwischen 1570 und 1576 aus Sandsteinquadern erbaute gotische Rathaus mit dem schwindelerregenden Steildach, das zwölf Türmchen zieren. In dessen Erdgeschoss war einst die sogenannte Brotscharre untergebracht, in der alle Bäcker der Stadt ihr Brot verkauften, das sie zuvor in ihren Backstuben gebacken hatten. Darüber befand sich der große Versammlungsraum (Söller), über dem wiederum im zweiten Stock die Ratsherren von Weißenburg ihren politischen Geschäften nachgingen. Vor der zum Marktplatz gewandten Längsseite steht der achteckige sagenumwobene Schweppermannsbrunnen samt Ritterfigur, die in luftiger Höhe auf einer Säule in voller Montur posiert. Und als wären diese Eindrücke nicht schon beglückend genug, winkt einem vom Ende der Westseite, wo der Marktplatz in die Friedrich-Ebert-Straße übergeht, noch der Kirchturm der Spitalkirche zu. Vor der Stadterweiterung im 14. Jahrhundert war dieser ein Tor in der Stadtmauer Weißenbergs.

TIPP

Mittwochs und samstags findet auf dem malerischen Weißenburger Marktplatz der Wochenmarkt statt.

- Marktplatz in Weißenburg, Marktplatz, 91781 Weißenburg in Bayern www.weissenburg.de
- ÖPNV: Buslinie 619 (ab Greding Hallenbad), Haltestelle Weißenburg Zentralschule

Immobilien

Immergrünes Phänomen

72 Quellteich am Jurahausensemble Obermühle

Hinter der Mühlbachquelle am denkmalgeschützten Jurahausensemble Obermühle, vom Dietfurter Ortskern durch das Naturschutzgebiet und Geotop Wolfsberg getrennt, liegt verborgen im Berginneren die Mühlbachquellhöhle – eine geologische Sensation. Vor ihrer Entdeckung hat niemand auch nur ansatzweise geahnt, dass sich im karstigen Untergrund ganze Wasserlabyrinthe mit Wasserfällen, Schluchten und Bachläufen befinden, die Spezialisten seither erforschen. Diese faszinierende Tatsache ist so überraschend wie grandios, aber das wahre Highlight an diesem Ort ist die zu einem kleinen Weiher aufgestaute Mühlbachquelle – ein Glücksort par excellence. Um das Schaufelrad der Mühle am Laufen zu halten, wurde dem Quellwasser vor geraumer Zeit ein zwei Meter hohes Wehr vor die Nase gesetzt, um möglichen Trockenzeiten vorzubeugen. Was man dort in Augenschein nimmt, präsentiert sich als ein verwunschenes und – das ist das eigentliche Glückserlebnis! – immergrünes Idyll, egal, ob im Frühling, Sommer, Herbst oder auch im Winter. Das hat viel mit der Magie natürlicher Schöpfungskraft zu tun. Denn das Quellwasser hält übers Jahr die gleiche Temperatur von rund acht Grad. Deshalb grünt es hier auch dann noch so erfrischend grün, wenn Spaniens Blüten längst nicht mehr blühen. Um dieses einmalige Paradies zu betrachten, muss man sich ihm buchstäblich von hinten nähern. Dort, wo der Obermühlenweg in einer rasanten Kurve in den Dietrichweg übergeht, verlässt man die Straße, um schnurstracks einem leicht ansteigenden Wiesenpfad zu folgen. Von dem zweigt wenige Meter nach den beiden Informationstafeln zur Linken ein Waldweg ab. Nur einen Steinwurf entfernt, erreicht man den schönen Aussichtsplatz. Quelle samt Weiher ziehen den Betrachter sogleich in ihren Bann: Von Rasen, Wehr und Mühle flankiert, blickt man aufs klare Quellwasser bis hinunter auf seinen felsigen Grund. Das ist reine Naturpoesie!

TIPP

Die Ausstellung „Stein.Wasser.Höhle" beschreibt die Geschichte der Obermühle bis ins Mittelalter.

● Jurahausensemble Obermühle, Obermühlenweg 3, 92345 Dietfurt an der Altmühl, www.obermuehle-muehlbach.de
● ÖPNV: Buslinie 515 (Neumarkt), 524 (Beilngries), 547 (Töging), Haltestelle Mühlbach

Blühende Apotheke

73 Arzneipflanzengarten in Ingolstadt

Im Rücken eines spätbarocken Schlösschens mit von aufstrebenden Wandpfeilern verzierter Fassade findet der Besucher ein besonderes Schatzkästlein, in dem heilende Kräfte gedeihen. Bis Ende des 18. Jahrhunderts befand sich in dem denkmalgeschützten Gebäude die Alte Anatomie. Danach folgten wechselnde Besitzer, seit 1973 ist dort das Deutsche Medizinhistorische Museum mit seiner ständigen Ausstellung zur Medizingeschichte von der Antike bis zur Gegenwart untergebracht. Dahinter liegt eine begehbare und – je nach Saison – prachtvoll-farbenfroh blühende Apotheke: der Arzneipflanzengarten mit mehr als 200 Heilpflanzen, die in muttererdigen Beeten wunderbar gedeihen. Auf über 300 Lebensjahre bringt er es nun schon, darunter waren auch Phasen liebloser Ignoranz und Vernachlässigung. Bis vor rund 30 Jahren, als ihm die Stadt pünktlich zur Landesgartenschau eine bitternötige Frischzellenkur verschrieb, die ihn wieder zur neuen Blüte trieb. Ergänzt um einen Duft- und Tastgarten in Hochbeeten – ausgestattet mit Schildern in Blindenschrift –, in denen Eukalyptus, Schachtelhalm, Rosmarin, Minze und Artverwandte wachsen. Man betritt den von großstädtischem Trubel umtosten Hort der Ruhe durch 2016 errichteten Erweiterungsbau, der sich harmonisch ans einstige Schlösschen schmiegt. Neben imposanten Arkaden mit einem Brunnen samt Wasserspiel davor, unter denen bei gutem Wetter im Museumscafé aromatischer Kaffee und schmackhafter Kuchen kredenzt werden, flankieren hohe und fein geschnittene Buchsbaumhecken den geometrisch angelegten Hortus medicus. Strahlenförmige Wege umlaufen die Beete, über die hinweg man einen freien Blick aufs Liebfrauenmünster mit den übereckgestellten unvollendeten Türmen hat. Hier lachen den lustwandelnden Entdecker je nach Jahreszeit mal Alraune und Nieswurz an, sommers Feige und Zitrusfrüchte sowie, wenn es herbstelt, Spanischer Pfeffer und sogar Tabak. Kurzum, der Arzneipflanzengarten bietet ganzjährigen Glücksgenuss.

TIPP

Im Café gibt's den Museumsgin „Hortus medicus", aus Gartenpflanzen destilliert, zu kaufen.

● Arzneipflanzengarten im Deutschen Medizinhistorischen Museum, Anatomiestraße 18–20, 85049 Ingolstadt, Tel. (08 41) 3 05 28 60, www.dmm-ingolstadt.de
● ÖPNV: Linien 10 und 11, Haltestelle Rathausplatz, ab ca. 5 Gehminuten

Asiatisches Flair

74 Chinesenbrunnen vorm Rathaus in Dietfurt

Wer sich dem ausladenden Marktplatz von Dietfurt nähert, staunt nicht schlecht: Ein wuchtiger Bau mit hübschem Treppengiebel und nach Süden mit einem vorspringenden Glockentürmchen beherrscht die malerische Kulisse. Besieht man sich das um 1479 entstandene, heute hellrosa getünchte Rathaus en détail, ist man nicht nur beeindruckt, sondern auch aufs Angenehmste überrascht. Vor dem Eingang plätschert der weit über Dietfurts Stadtgrenzen hinaus berühmte Chinesenbrunnen fröhlich vor sich hin: In dem klobigen, mit chinesischen Schriftzeichen und gelben Verzierungen versehenen, sich nach oben verjüngenden Trog, aus dem beidseitig eine Hand ragt, sitzt eine bauchige Säule mit stilisiertem, von einem asiatischen Kegelhut bedeckten Kopf. Seit rund 60 Jahren schmückt das vom Tonbildhauer Lothar Fischer geschaffene Werk diesen Platz – anfänglich ein ungeliebter Betonklotz, allmählich zum Wahrzeichen der Stadt gereift, ist er heute von dort nicht mehr wegzudenken. Solch famoser Wandel erklärt sich, sobald man dem Brunnen Auge in Auge gegenübersteht: Unverzüglich stellt sich beim Betrachter ein heiteres Schmunzeln ein. So verwundert es nicht, dass der Chinesenbrunnen schon seit Jahren den Lorbeerkranz des beliebtesten Fotomotivs von Dietfurt trägt, und das, obwohl der Ort wahrlich nicht mit herrlichen Sehenswürdigkeiten und traumhaften Naturschönheiten geizt. Außerdem haben die Bürger längst gelernt, ihren Spitznamen „Chinesen" mit stolzgeschwellter Brust zu tragen. Der haftet den Einwohnern seit kurbischöflichen Tagen an. Weil sie dem Bischof zu wenig Abgaben leisteten, wollte der Kämmerer sie ermahnen. Unverrichteter Dinge kehrte er zurück und berichtete seinem Herrn im Zorn: Die Dietfurter sind wie „Chinesen", sie verschanzen sich hinter ihrer Stadtmauer und pfeifen auf uns. Die Reaktion ist nicht bekannt, aber immerhin feiern die Dietfurter bis heute ihren Chinesenfasching, im Rathaus von einer Ausstellung dokumentiert. Auch ein Bayrisch-Chinesischer-Sommer findet alljährlich statt.

TIPP

Wiedersehen macht Freude: Anlässlich der Stadtfeste wird der Chinesenbrunnen abwechslungsreich geschmückt.

- Chinesenbrunnen, Hauptstraße 26, 92345 Dietfurt an der Altmühl, www.dietfurt.de/sehenswuerdigkeiten
- ÖPNV: Buslinie 6022 (ab Kelheim, Wöhrdplatz), Haltestelle Dietfurt Bahnhofsstraße

SECRETVM CIVIVM IN DIETFVRT
1479

Kaiserliche Vision

75 Karlsgraben in Treuchtlingen-Graben

Den Spruch „Wer Visionen hat, sollte zum Arzt gehen" prägte 1980 Ex-Kanzler Helmut Schmidt im Bundestagswahlkampf. Doch hier irrte der Mann deutlicher Worte, weil Fortschritt letztendlich auch Visionen braucht. Sie beschreiben ein Bild von der Zukunft, das man nur mit Überzeugungskraft und Tatendrang realisiert – beides ist dem Visionär eigen. Das Ergebnis einer, wenn auch geplatzten Vision ist die Fossa Carolina, auf Deutsch „Karlsgraben" genannt. Er ist ein Glücksfall der Geschichte, dem man am Rande des Kirchdorfs Graben tagtäglich begegnen kann. Genau dort gewährt Kaiser Karl der Große dem neugierigen Besucher noch heute eine Audienz, manche säuseln sogar von einem Rendezvous. Vor über 1200 Jahren ließ er an Ort und Stelle den ersten Spatenstich ausführen, um einen schiffbaren Graben zwischen Donau und Rhein-Main zu schaffen. Die Natur hat es so eingerichtet, dass sich im Grabener Umland die beiden Flusssysteme Rhein und Donau in Gestalt der Schwäbischen Rezat (Rhein) und Altmühl (Donau) fast berühren – nur 1800 Meter trennen sie dort voneinander. Das wäre beinahe die erste europäische Wasserstraße gewesen, hätte es Europa im Herbst 793 schon gegeben und wäre das Projekt nicht buchstäblich ins Wasser gefallen. In der ohnehin sumpfigen Region schüttete es seinerzeit endlos lang wie aus Kübeln, was die Arbeiten des Tages über Nacht zunichtemachte. Die Überbleibsel jener Kanalvision kann man noch heute in Graben bewundern. Von einer Bank aus überblickt man staunend die Fossa Carolina: Ein rund 500 Meter langer Wassergraben, auf beiden Seiten von bis zu zehn Meter hohen Erdwällen flankiert, der Aushub jener Tage, von einem dichten Laubbaumkronendach überspannt. Welch eine glückliche Fügung, dass man auch nach über 1200 Jahren immer noch sehen, fühlen und nachvollziehen kann, worin seinerzeit der visionäre Plan bestand. Noch einmal zu Helmut Schmidt. Der sagte 2010 im ZEIT-Magazin zum Thema Visionen: „Es war eine pampige Antwort auf eine dusselige Frage."

TIPP

Um den Karlsgraben führt ein idyllischer, ungefähr ein Kilometer langer, leichter Spazierweg herum.

● Fossa Carolina (Karlsgraben), Karlsgrabenstraße, 91757 Treuchtlingen-Graben
● ÖPNV: RB 16 (ab Eichstätt), Haltestelle Treuchtlingen (ca. 4 km)

Kapelle mit Felsendach

76

Einsiedelei Klösterl bei Kelheim

So etwas bekommt man nicht alle Tage zu sehen, und europaweit ist es sogar einmalig. Von Kelheim nicht weit entfernt, nach nur 20 entspannten Geh- oder zehn gemütlichen Radelminuten zu erreichen. Inmitten des Naturschutzgebiets Weltenburger Enge im pittoresken Donautal gelegen, auf halbem Wege zwischen Befreiungshalle und Donaudurchbruch: die Einsiedelei Klösterl. Direkt am Flussufer schmiegt sie sich ans massive Gestein, dort, wo die Donau noch heute ihre ursprüngliche, ungezähmte Seite zeigt, von dichten Wäldern und Höhlen durchsetzten Felsen umgeben. Vor über 570 Jahren fing die Geschichte dieses Ortes an, als ein Mönch als Einsiedler hier ein gottgefälliges Leben führte. Bald fanden sich weitere Brüder ein und – verkürzt gesagt – nach herzoglichen, kaiserlichen und bischöflichen Zusagen sowie päpstlichem Segen gesellte sich zu Felsenkirche, Nikolauskapelle und weiteren Gebäuden auch noch ein Franziskanerkloster. Bis zur Säkularisation Anfang des 19. Jahrhunderts ging alles seinen gewohnten Gang. Dann fiel das Areal erst an den Staat, später in die potenten Hände eines angesehenen Bürgers Kelheims. Und der verwandelte den geistlichen Ort schon bald in eine weltliche Sommerfrische, die sich schnell zum beliebten Ausflugsziel mauserte. Inzwischen ist das denkmalgeschützte Kloster, das hinter einer Hofmauer mit spitzbogigen Öffnungen und einem kleinen Turm liegt, im Privatbesitz von Hedi und Hermann Riemann. Die sanierten es auf eigene Kosten und betreiben das Klösterl als urigen Biergarten – ein Ort voller Flair, Ruhe und sanfter Entspannung. Doch als wären das nicht der Glücksmomente genug, ist da noch auf ein Highlight de luxe hinzuweisen, das man unbedingt in Augenschein genommen haben muss: Die mit Fresken verzierte Höhlenkirche samt ihrer durchfensterten Wand unterm Felsendach. Wer sie betritt, spürt auf den ersten Schritt eine magische Energie, die diesen Raum mit den rauen, nackten Wänden erfüllt – und die Sinne fühlbar berührt.

TIPP

Geht man vom Biergarten aus wenige 100 Meter weiter, erreicht man den sagenhaften Donaudurchbruch.

- Einsiedelei Klösterl, Klösterl 1, 93309 Kelheim, Tel. (01 51) 56 02 33 66 www.kloesterl.info
- ÖPNV: RBO 6022 (ab Saal/Donau), Haltestelle Kelheim, Wöhrdplatz/Zentrum (ca. 2,5 km)

Das Gute, Schöne, Wahre

77 Alte Lateinschule in Weißenburg

Am Weißenburger Martin-Luther-Platz befindet sich in bester bauhistorischer Gesellschaft und schräg gegenüber von St. Andreas, der größten Kirche der Großen Kreisstadt, ein ganz besonderes denkmalgeschütztes Juwel. Kaum hat man den zweigeschossigen Satteldachbau mit seinem Fachwerkobergeschoss und -giebel erblickt, ist es schon um einen geschehen. Von der Fassade mit dem harmonisch ausgerichteten ockerfarbenen Gebälk, das sich um die vielen kleinen – von dunkelgrünen Fensterläden seitlich beflügelten – Sprossenfenster schart, fühlt man sich magisch angezogen. Fasziniert bleibt man an Ort und Stelle stehen, taxiert das Objekt mit aufmerksamen Augen – welch ein Gewinn, welch ein Genuss. Das Gute, Schöne, Wahre – hier ist es daheim. Das heutige Mesnerhaus der Evangelisch-Lutherischen Kirchengemeinde Weißenburg wurde 1580/81 gebaut und bis 1806 als Lateinschule genutzt. Der entscheidende Impuls für die Errichtung ging womöglich von Philipp Melanchthon aus, Luthers wichtigster Mitstreiter, Chefdiplomat der Protestanten und blitzgescheites Wunderkind der Reformation. Wahrscheinlich bei einem seiner Besuche anno 1530, als Weißenburgs Bürger mit überwältigender Mehrheit in der Stadtkirche St. Andreas „demokratisch" entschieden, evangelisch zu werden – 454 waren dafür, lediglich sieben dagegen. Nur sechs Jahre später hat man ganz im Sinne der Reformation, mit der eine Bildungsrevolution einsetzte, um dem ganzen Volk die christliche Botschaft zugänglich zu machen, die Schule gegründet. Ihr berühmtester Rektor war der Universalgelehrte Johann Alexander Döderlein (1675–1745), der auch Mitglied der Lateinischen Gesellschaft zu Jena war. Sein Porträt hängt nebenan im 1998 eröffneten ReichsstadtMuseum. Vor der Lateinschule steht wie schützend eine mannshohe Martin-Luther-Figur, an seinem 500. Geburtstag aufgestellt. In den Nischen an der Kirche laden Sitzbänke zum Verweilen ein. Von da aus kann man den historischen Fundus am besten betrachten – und sich in seinen Gedanken verlieren.

TIPP

Das Reichsstadt Museum nebenan erzählt die Geschichte der einstigen Freien Reichsstadt Weißenburg.

- Alte Lateinschule, Doktor-Martin-Luther-Platz 9, 91781 Weißenburg
- ÖPNV: Buslinie 698.1 (Bieswang – Pappenheim – Weißenburg), Haltestelle: Wendeschleife Zentralschule

Grüne Lunge

78

Das Glacis in Ingolstadt

„Wenn jemand eine Reise tut, so kann er was verzählen. Drum nahm ich meinen Stock und Hut, und tät das Reisen wählen." So lauten die Zeilen eines Gedichts von Matthias Claudius (1740–1815). Die würde der Dichter volksliedhafter und tief empfundener Lyrik heute bestimmt anders formulieren. Zu sehr haben sich das Reisen, die Umstände und Vehikel – Pkw statt Postkutsche – seither gewandelt. War es zu Claudius' Lebzeiten fast nur Wohlhabenden und Gebildeten vergönnt, andere Kulturen und Sitten zu entdecken, düsen in diesen Tagen gefühlt alle touristisch durch die Welt, um sich dann gegenseitig längst Bekanntes zu erzählen. Umso größer ist die eigene Freude darüber, wenn man auf neue Gefilde trifft, von denen man im Familien- und Freundeskreis glückstrahlend und unterhaltsam berichten kann. Als ein solcher Ort bietet sich das Glacis an, ein über den Daumen gepeilt etwa 100 Hektar großer, mit dichten Wald- und offenen Wiesenflächen verzierter Grüngürtel, der sich wie ein merinowollener Schal ebenso kuschelig wie wohltuend um Ingolstadts Altstadt legt. Früher gehörte das Glacis zur Schanz, wie man die Landesfestung im 19. Jahrhundert mit ihren Wällen, Bastionen und Kavalieren nannte, die beiderseits der Donau um die Stadt herum verlief. Deswegen werden die Ingolstädter auch bis heute „Schanzer" gerufen. Was in jenen Tagen als freies Schussfeld diente, ist nun friedvoller Naherholungsraum. Der gewährt innerstädtisch naturnahe Entspannung und eine Verschnaufpause. Man erreicht ihn ohne Weiteres vom Stadtkern aus. Wer einmal entlang des Glacis flaniert ist, schwärmt von seinen Fuß- und Radwegen, von gemütlichen Biergärten und vielfältigen Kunstobjekten. Und wenn sich die Abenddämmerung über das Glacis legt, ist es ein weiteres Gedicht von Matthias Claudius, das die romantische Stimmung trefflich einfängt: „Der Mond ist aufgegangen, die goldnen Sternlein prangen, am Himmel hell und klar." Das Glacis ist zu jeder Tageszeit ein Glücksort, wie sich ihn ein Romantiker nur wünschen kann.

TIPP

Der gemütliche Biergarten am Künettegraben liegt sehr malerisch und serviert bayerische Schmankerl.

- Glacis, Künettegraben, 85049 Ingolstadt
- ÖPNV: Buslinie 18, Haltestelle Auf der Schanz oder Taschenturm

Auf die Götterdämmerung

79 Bismarckturm bei Weißenburg

Wenn sich gleich mehrere Wanderwege an einem Punkt kreuzen, weiß man mit an Sicherheit grenzender Wahrscheinlichkeit: Dort muss es etwas Besonderes zu sehen geben. So ist es tatsächlich auf dem Rohrberg, eine Erhebung in der Fränkischen Alb, nordöstlich von Weißenburg. Hier begegnen sich Main-Donau-Weg, Wülzburgweg (Nr. 2), Frankenweg und Weißenburger Premiumweg (Nr. 13) auf ein kurzweiliges Stelldichein. Sie alle peilen hier ein beliebtes Ausflugsziel an: den Bismarckturm, der sich seit seiner festlichen Einweihung im Juni 1911 still und stumm in seine Doppelrolle als Denkmal zur Erinnerung an den 1898 verstorbenen Reichskanzler Otto von Bismarck und als inzwischen öffentlich zugänglicher Aussichtsturm fügt. Ausgeführt wurde dieses Kind seiner Zeit nach dem von der damaligen deutschen Studentenschaft preisgekrönten Entwurf „Götterdämmerung", der von Wilhelm Kreis stammt, ein bedeutender deutscher Architekt in der ersten Hälfte des 20. Jahrhunderts. Klotzig und protzig stemmt sich der aus weißem, mit Dolomit und Werkkalkquadern verblendetem Kalkstein gebaute Turm exakt 12,65 Meter in die Höhe. Scheinbar unverrückbar macht er sich auf einem zweistufigen, 49 Quadratmeter großen quadratischen Podest breit, auf dem sich der Turmsockel erhebt. Über 46 Stufen gelangt man auf eine Aussichtsplattform mit einer Feuerschale inmitten, wie man sie heutzutage vor allem aus heimischen Gärten kennt. Wie ein ausgestreckter Fingerzeig steht er da, als wollte er den vorbeistreifenden Wanderern zurufen: „Schaut her, hier oben stehe ich und kann nicht anders. Kommt mich doch einmal besuchen, eure Mühe werde ich mit eindrucksvollen Weitblicken belohnen." Und das ist wohl wahr. Sobald man die Plattform erreicht, liegt einem die zum Niederknien schöne Landschaft zu Füßen. Und wenn sich dann noch die Sonne im Westen bequemt, ins nördliche Nachtlager zu wandern, verwandelt sich der Himmel überm Bismarckturm zu einem stimmungsvollen Hochaltar ganz im Sinne der deutschen Romantik.

TIPP

Unvergleichlich: auf dem Turm zu zweit allein mit einem Glasl Wein den Sonnenuntergang genießen.

- Bismarckturm, Am Rohrberg, 91781 Weißenburg
- ÖPNV: Buslinie 694 (ab Bahnhof Weißenburg), Haltestelle Rohrwalk

Besinnlicher Glücksfall

80

Bibelgarten in Berching

Um das symbolische „Tor zum Leben" zu durchschreiten, muss man nach Berching reisen, einer Stadt südlich von Neumarkt in der Oberpfalz, mit weit zurückreichender Historie und sagenhaften Geschichten. Dort lehnt sich das von Wein bewachsene Tor gleich neben dem Eingang des Weltladens bequem an die rotfarbene Wand des Kaplanhauses und gewährt Zutritt zum beschaulichen, nur wenige Quadratmeter großen Bibelgarten, durch den verschlungen ein gepflasterter Lebensweg führt. Auf dem Weg begegnet dem geneigten Besucher die in den Belag eingelassene Friedenstaube, die an den christlichen Friedensgruß („Der Friede sei mit dir/euch!") erinnert. Wenige Meter weiter taucht eine Schnecke auf, die den Betrachter gemahnt, dass sich nicht alles im Leben um ihn dreht. Doch viel entscheidender sind die Pflanzen, die hier seit 2003, dem Geburtsjahr der Idee des Bibelgartens, zu beiden Seiten des Weges wachsen. Sie verweisen alle auf das Alte und das Neue Testament, werden sie doch darin genannt. Beschildert sind die einzelnen Arten auch, allerdings nicht mit Namen, sondern mit Bibelstellen, die sie benennen. So findet sich etwa an einem Gewächs der Hinweis auf das Markus-Evangelium, Kapitel 4, Verse 30–32. Dort steht das Gleichnis vom Senfkorn: „Es ist wie mit einem Senfkorn: Wenn das gesät wird aufs Land, so ist's das kleinste unter allen Samenkörnern auf Erden. Und wenn es gesät ist, so geht es auf und wird größer als alle Kräuter und treibt große Zweige, sodass die Vögel unter dem Himmel unter seinem Schatten wohnen können." In Berchings Bibelgarten gedeihen an die 30 Pflanzen, darunter Mandel- und Feigenbäume, Blumen, Kräuter und Kakteen. Gestaltet wurde er ursprünglich von der ehemaligen Pfarrhaushälterin Agnes Kuhn, um die sich schon bald ein Team aus Einheimischen helfend scharte, heute pflegt ihn der Obst- und Gartenbauverein Berching. Kurzum, der liebevoll angelegte Bibelgarten ist zu einem überaus besinnlichen Ort geworden – ein frei zugänglicher Glücksfall für den Besucher!

TIPP

Für weniger bibelfeste Menschen: Einfach eine Bibel mitnehmen und die angezeigten Textstellen lesen.

- Berchinger Bibelgarten, Schulstraße 11, 92334 Berching
- ÖPNV: Buslinie 515 (ab Neumarkt), Haltestelle Berching Volksschule

Johannes
19,39-40
Johannes
12,13

Bibliografische Informationen der Deutschen Nationalbibliothek
Die Deutsche Nationalbibliothek verzeichnet diese Publikation in der Deutschen Nationalbibliografie; detaillierte bibliografische Daten sind im Internet über http://dnb.d-nb.de abrufbar.

Konzeption/Satz: Droste Verlag, Düsseldorf
Einbandgestaltung und Illustrationen: Britta Rungwerth, Düsseldorf, unter Verwendung von Bildern von © Fotolia.com: jd - photodesign.de; © iStock: Plociennik Robert
Fotos: Harald Hesse, außer:
S. 17: Kur- und Touristinformation Treuchtlingen, Barbara Waschka; S. 31: Naturpark Altmühltal, Dietmar Denger; S. 33: Naturpark Altmühltal, Dietmar Denger; S. 37: Naturpark Altmühltal, Dietmar Denger; S. 47: Freilichtkino im Turm Baur; S. 51: Stadt Berching, R. Mederer; S. 53: Kristallmuseum & Fasslwirtschaft Riedenburg; S. 55: Naturpark Altmühltal, Dietmar Denger; S. 65: Naturpark Altmühltal, Dietmar Denger; S. 69: Naturpark Altmühltal, Dietmar Denger; S. 93: BackLiesl; S. 101: Chinesenfasching Dietfurt, Chr. Raithel; S. 103: Naturpark Altmühltal, Dietmar Denger; S. 105: Naturpark Altmühltal, Dietmar Denger; S. 109: Naturpark Altmühltal, Dietmar Denger; S. 113: Naturpark Altmühltal, Stefan Schramm; S. 125: Naturpark Altmühltal, Dietmar Denger

MIX
Papier aus verantwortungsvollen Quellen
FSC® C011279

Druck und Bindung: LUC GmbH, Greven
ISBN 978-3-7700-2269-4

www.droste-verlag.de